GOOD

科氏工业让世界更好的 16 种方式

1

牛　肉（Beef）

460 000 英亩牧场繁育 12 000 头牛，提供肉质与口感上佳的牛肉。

PROFIT

GOO

2

化　肥 (Fertilizer)

为农作物生长提供新一代的优质肥料。

PR

莱卡® 纤维（LYCRA® Fiber）

为运动服饰、工作服装以及内衣提供舒适感极佳的莱卡面料。

4

建筑材料（Building Materials）

科氏工业旗下 GP 公司生产更坚固的新一代胶合板、石膏墙板、玻璃钢护套等建筑材料。

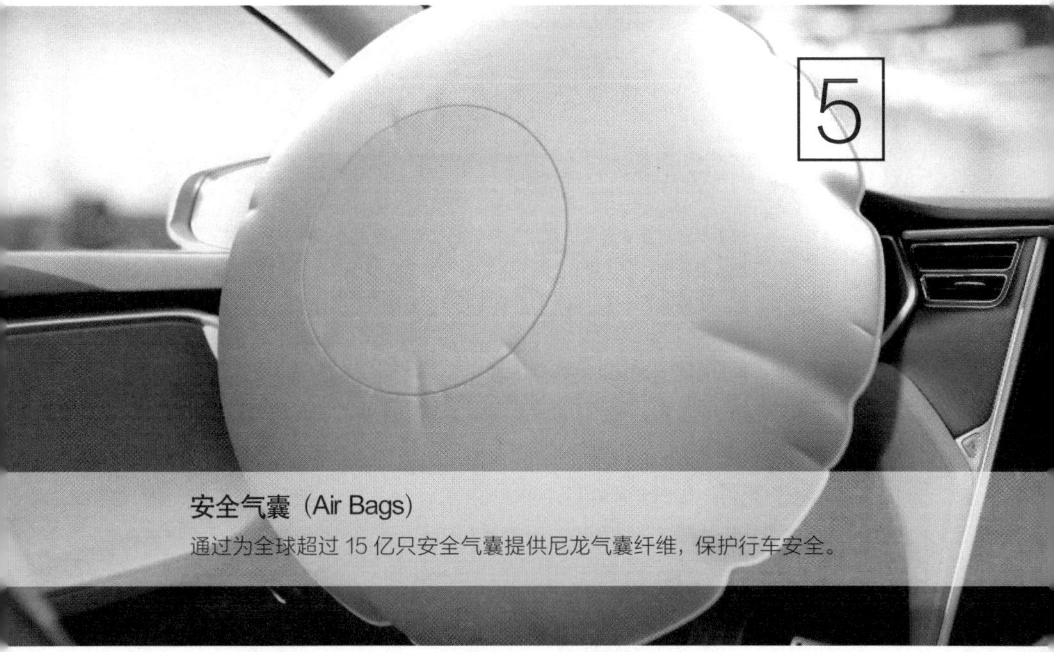

安全气囊（Air Bags）

通过为全球超过 15 亿只安全气囊提供尼龙气囊纤维，保护行车安全。

6 电子元件（Electronic Components）

从家电按钮到智能手机电路，从汽车传感器到办公数据网络，科氏工业旗下公司生产的电子元件遍及人类生活的各个角落。

7 燃　料（Fuel）

汽油、飞机燃油、乙醇、柴油、生物柴油，科氏工业以精炼标准以及最环保的方式为出行提供动力。

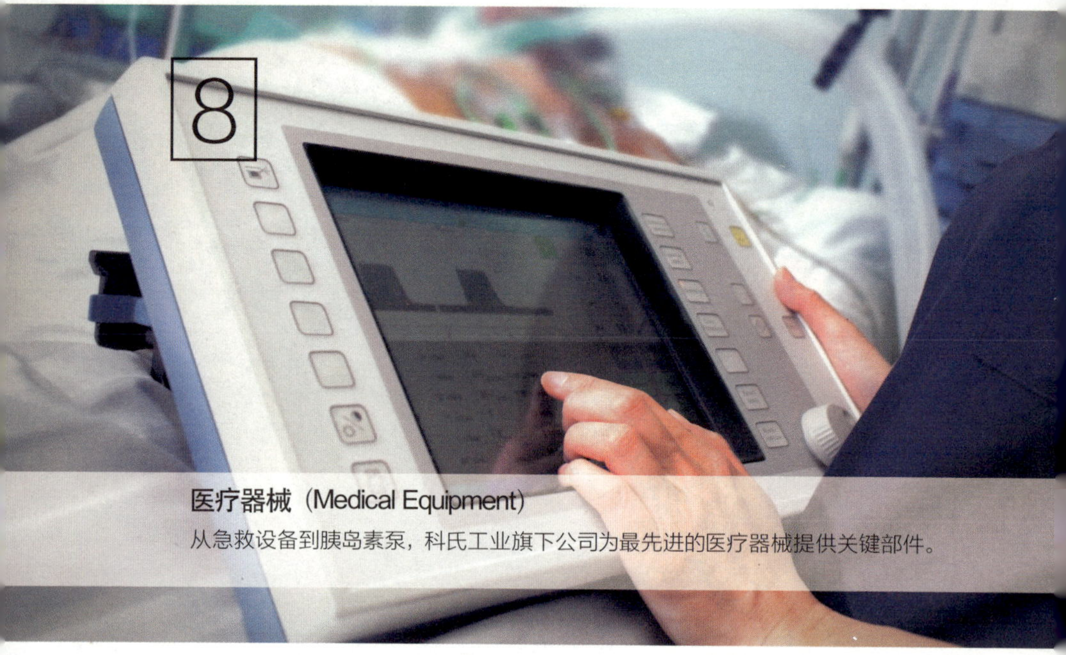

8

医疗器械（Medical Equipment）

从急救设备到胰岛素泵，科氏工业旗下公司为最先进的医疗器械提供关键部件。

9

床上用品（Bedding）

由涤纶®纤维填充的枕头、床垫以及织就的羊毛围巾，为人类提供更舒适的居家生活。

GOO

10

餐　具（Tableware）

科氏工业旗下 GP 公司生产的 Dixie 纸制餐具为用餐者提供更专注的用餐体验。

PR

11

净化技术（Filtration）

为世界级食品与饮料公司提供更洁净的水源。

12

功能性面料（Performance Fabrics）

COOLMAX® 纤维、CORDURA® 面料、THERMOLITE® 面料制品为运动与户外活动提供更轻、更暖、更舒适的体验。

13

包　装（Packaging）

OXYCLEAR® 树脂包装将饮品的保存期限延长至 24 个月。

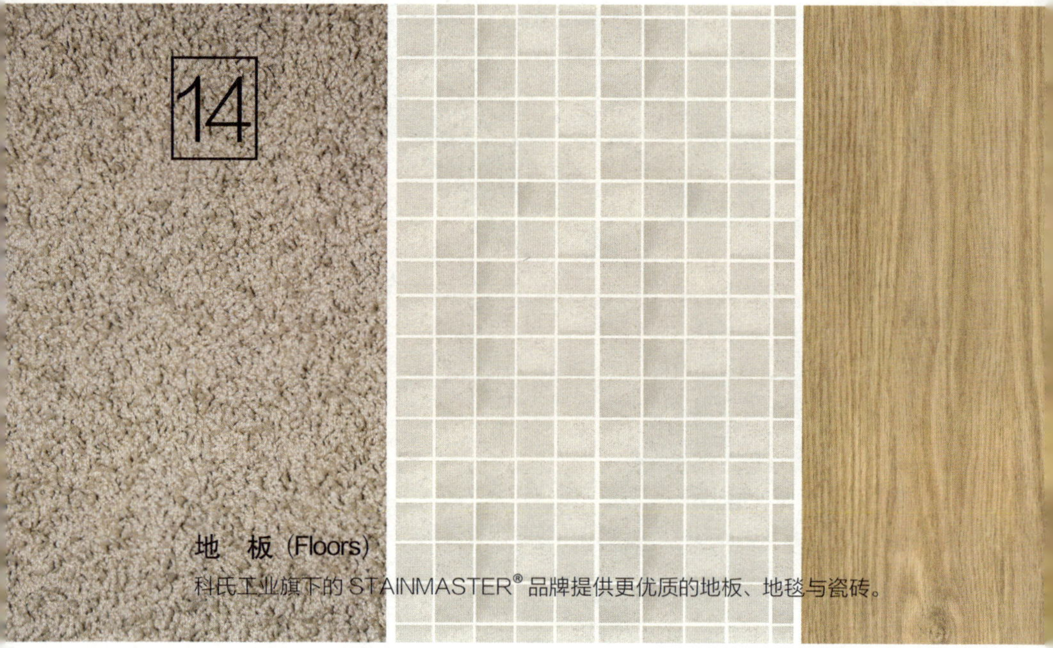

14

地　板（Floors）

科氏工业旗下的 STAINMASTER® 品牌提供更优质的地板、地毯与瓷砖。

15

自动纸巾盒（Towel Dispensers）

科氏工业旗下 GP 公司生产的 enMotion® 自动纸巾盒不仅能减少 30% 纸巾用量，还能够有效避免公共场所的细菌传播。

16
沥　青（Asphalt）
提供更安全、更耐用、更环保的沥青用于路面工程。

做大利润

全球最大私企之一
如何实现利润的 5000 倍增长

[美] 查尔斯·科赫（Charles G. Koch）◎著
刘寅龙 ◎译
MBM®顾问组 ◎审校

SPM
南方出版传媒
广东人民出版社
·广州·

图书在版编目（CIP）数据

做大利润 /（美）查尔斯·科赫（Charles Koch）著　刘寅龙 译 . — 广州：广东人民出版社，2017.4

ISBN 978-7-218-11680-8

Ⅰ . ①做… Ⅱ . ①查… ②刘… Ⅲ . ①企业利润－企业管理 Ⅳ . ① F275.4

中国版本图书馆 CIP 数据核字 (2017) 第 044926 号

Good Profit: How Creating Value for Others Built One of the World's Most Successful Companies by Charles Koch

ZUODA LIRUN

做大利润

［美］查尔斯·科赫　著　　刘寅龙　译

出 版 人：肖风华

策　　划：中资海派
执行策划：黄　河　桂　林
责任编辑：曾白云　郑　婷
特约编辑：李润华　宋金龙
版式设计：刘　榴
封面设计：WONDERLAND Book design 仙境 QQ:344581934

出版发行：广东人民出版社
地　　址：广州市大沙头四马路 10 号（邮政编码：510102）
电　　话：(020) 83798714（总编室）
传　　真：(020) 83780199
网　　址：http：//www.gdpph.com
印　　刷：深圳市彩美印刷有限公司
开　　本：787mm × 1092mm　1/32
印　　张：12　　字　　数：222 千
版　　次：2017 年 4 月第 1 版　2017 年 4 月第 1 次印刷
定　　价：59.80 元

如发现印装质量问题，影响阅读，请与出版社（020-83795749）联系调换。
售书热线：(020) 83795240

献　词

谨以此书献给与我共同生活了 43 年的妻子——利兹。即使我找遍全世界，也不会遇到比她更好的人生伴侣——她充满爱心、富有智慧、高瞻远瞩而又勇敢无畏。她让我此生无比快乐。

作者简介

查尔斯·科赫（Charles G. Koch），自 1967 年以来担任科氏工业集团董事长兼 CEO。他一手创办了科氏工业，并将其打造为全球最大的非上市公司。公司目前的估值约 1 000 亿美元。按照 2017 年《福布斯》（*Forbes*）杂志的排名，科赫在美国富豪榜上名列第八。

科氏工业集团总部位于堪萨斯州（Kansas）的威奇塔市（Wichita），公司的雏形是诞生于 1940 年的伍德河石油与炼油公司（Wood River Oil and Refining Co.）。目前，科氏工业在全球 60 多个国家拥有超过 12 万名员工，其中，美国本土的员工约为 6 万名。自 2009 年 1 月以来，科氏已在安全、环境保护、社区服务、创新和客户服务等领域斩获数千奖项。

权威推荐

查尔斯·施瓦布

嘉信理财集团（Charles Schwab）创始人

本书是“美国梦”的鲜明写照，它告诉我们，我们的国家不仅受益于企业家创造的新就业机会（以及为政府带来更多税收），也得益于他们为慈善人道行为做出的贡献。透过全书，我们不仅能深刻领会到科氏工业的成功秘诀，更有查尔斯·科赫和他的兄弟成为美国最慷慨的慈善家的华彩篇章。科赫兄弟对创造“良性利润”的系统化剖析，不仅让他们带领企业不断成长，给他们的员工带来丰厚的回报，也为美国最重要的慈善团体和机构留下了一笔宝贵遗产，正是这些财富支撑着美国的自由。这绝对是一本不容错过的传世之作。

约翰·麦基
全食食品超市公司（Whole Foods Market）创始人兼联席CEO

查尔斯·科赫显然是正确的，利润也有好坏之分，而本书将帮助我们认识到获取良性利润的方式——无论你就职于跨国超级市场连锁店，还是中等规模的区域性企业，抑或是私营企业，都将有所收获。

约翰·施耐特
棒！约翰比萨（Papa John's Pizza）CEO

查尔斯·科赫是当之无愧的爱国人士，他毕生的使命就是致力于美国的强大和自由。他认为，引导美国繁荣发展的经济规律是不容动摇的。本书则为你阐述了科赫的思想体系背后的道理。

理查德·迈尔斯
空军上将，美国参谋长联席会议第15任主席

这是讲述企业成功之道的顶级佳作。查尔斯·科赫的方法在思想深度和广度上，都令人难以企及。本书反映了科赫50多年的商战经历，其中包括了他一手将科氏工业打造成全球最大非上市公司的心路历程。他强调了领导力和

管理模型的关键性作用，对当下商业环境尤为重要。对每个有志带领企业更上一层楼的人来说，本书都不可或缺。

莱斯利·拉德
美国纳帕产区瑞德酒庄，前迪恩·德鲁卡超市（Dean & DeLuca）所有人

本书解析了美国伟大企业家的经营思想和理念。查尔斯·科赫通过鲜活的例证、生动的轶事和深刻的分析，阐述了以市场为基础的管理模式如何让科氏工业为客户和企业创造名副其实、可持续的价值。他的心胸之开阔让我们感到由衷的钦佩。无论成败，他都一样开诚布公，丝毫没有隐瞒，而他更愿意将良性利润作为自己的终极目标。

迈克尔·L. 洛马克斯博士
非洲人联合学院奖基金会（United Negro College Fund）CEO

有关查尔斯·科赫的书籍比比皆是，但迄今为止，出自查尔斯·科赫本人之手的资料始终寥寥无几。透过这本新书，我们似乎可以直达他的思想深处，解读他创造这个当今世界最大、最成功的私人企业的精彩历程。

目 录

在无需就同一目标达成协议且仅受抽象行为规范约束的前提下，人们和平共处并互惠互利，这或许才是人类有史以来最伟大的发现。

—— 弗里德里希·奥古斯特·冯·哈耶克

序 言

双赢哲学

“和平”与“互惠互利”是文明社会的基本要求，也是个人成功的基本前提；再加上诺贝尔经济学奖获得者哈耶克所尊崇的“抽象行为规范”，共同构成了我对企业管理模式所追求的目标：所有人都知道应该干什么，并且有动力去这样做，而无需明确具体的指令或事无巨细的规则。

作为科氏工业集团（Koch Industries, Inc.，简称科氏工业）的 CEO，最令我引以为荣的是，我身边有一批有原则的员工，他们习惯通过改善他人的生活而实现自我完善。我本人也始终致力于一种特殊形态的利润，即

“良性利润”（Good Profit）。

所谓“良性利润”，并不等于高利润或是高资本回报，也不是为了利润不择手段。我所追求的良性利润源于“有原则的企业家精神”（Principled Entrepreneurship™）——他们以较低的资源消耗、诚实正直、遵守法规的行为方式，为顾客创造卓越价值。良性利润源于对社会做出的贡献，而非通过企业福利①或欺骗他人获得好处。

对顾客来说，最重要的价值应来自哈耶克所描述的方式，即在仅受“抽象行为规范”约束下，给予员工最大的自由度。这也是我们管理科氏工业所追求的境界。

20 世纪 90 年代初，作为科氏工业的基本管理模式——以市场为基础的管理模式（Market-Based Management，简称 MBM）首次在意大利贝尔格蒙附近的金属加工厂启用。然而，这种管理模式随即遭到工会领导人的质疑：“它或许适用于美国，但在意大利未必行得通。在这里，思考是管理者的事情，工人只需要干活，无需动脑。你这是在让工人干经理的活儿。”这种思维显然对实现企业与个人的成功、提升大众幸福感毫无助益。

我们更倾向于以双赢思维看待企业，这也是我们在 20 世

①Corporate Welfare，不同于我们平时所说的员工在某家企业所享受的福利，这里指政府通过税收补贴或法律给予某些企业的一些优惠政策、特殊待遇或额外利润等。——译者注

纪 60 年代中期开始打造 MBM 的原因。正是在 MBM 管理框架的指导下，科氏工业取得了巨大发展；实际上，也正是这种管理思维，将科氏工业从 1961 年一家市值只有 2 100 万美元的小企业，转变为 2014 年拥有 1 000 亿美元市值的商业航母（1 000 亿美元是《福布斯》杂志对我与大卫两人净资产的评估）。

如下文所述，如果你在 1960 年将 1 000 美元投资于科氏工业，那么你今天的账面收益就应该有 500 万美元（假设所有收益均用于再投资），投资回报率相当于投资同期标普 500 指数的 27 倍。

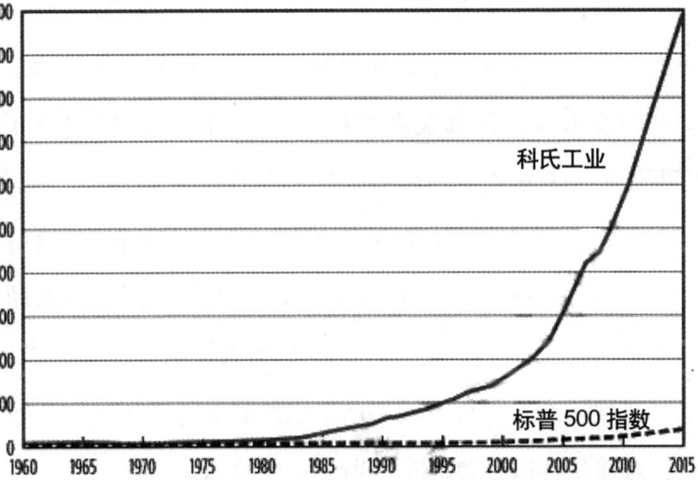

图 1　科氏工业与标普 500 指数的增长率比较

值得关注的是，尽管我们已发展为一家拥有超过 10 万员工的大型企业，但这种价值快速增长的趋势仍在持续。这对大公司而言绝非寻常。譬如，在1917年，《福布斯》杂志首次发布美国公司百强排行榜，如今时隔96年，当初的百强公司只有13家生存了下来；而仍在百强之列的则只剩7家。实际上，多数的美国大型企业未能与时俱进。

那么，科氏工业创造奇迹的秘密何在？我认为，秘密就在于我们独一无二的基本管理模式——MBM。正是MBM，让我们得以在半个世纪的沧海桑田中披荆斩棘，巍然屹立。

在探索和建立这种管理模式的数十年里，能源价格经历了一轮又一轮的起伏波动，与此同时，全球竞争态势持续加剧，国际地缘政治格局屡被重写，管制和纠纷层出不穷，产业和企业在新技术推动下发生了天翻地覆的转型，创新步伐持续加速，在如此瞬息万变、纷繁复杂的环境下，MBM始终让我们以不变应万变，不断创造我们所追求的“良性利润”。

之所以叫良性利润，是因为我们和顾客之间存在一种自愿性的互惠互利关系，而这种关系就是创造良性利润的原动力。我们从不游说政府出台支持政策或是提供补贴。因为那样的利润是“劣性”的。相反，我们所追求的利润，源于我们为顾客、社会、合作伙伴以及每名员工所创造的价值。

展望未来，科氏工业的愿景，就是在MBM的指导下，实现利润平均每6年增长1倍的目标，对此，本书将做详细介绍和解析。

和大多数人一样，我不仅追求个人和家庭的幸福感，还有他人的幸福感。显然，我和我的家庭已经从科氏工业取得的成功中受益匪浅。同样受益的，还有科氏工业在全球 60 多个国家的 10 万多名员工，他们分布在中国、墨西哥、印度、日本、加拿大、英国、德国、新加坡、巴西和马来西亚等。当然，很多人都因科氏工业的努力和创新而有机会享受各种宝贵的产品和服务，他们同样属于科氏成功的受益者。

科氏在高质量燃料（包括生物燃料）上的创新为企业和家庭提供了更高效的能源。我们的生活因创新而变得更轻松愉快。创新让农作物的种植更高效，让弹力牛仔裤更舒适，让地毯更耐用，让婴儿纸尿裤拥有更强的吸水性和拉伸性。

在健康方面，公共卫生间的非接触式手巾和皂液壶让我们远离细菌，高效能的连接系统让我们的智能电话更纤薄、轻便。在能力范围之内，我们会不遗余力地满足顾客的愿望，而顾客则用利润回报我们创造的价值。放眼未来，科氏工业将致力于更多、更高效的价值创造。

2007 年，我曾在《做大私企》（*The Science of Success*）一书中阐述了我们的管理模式。在创作该书时，科氏工业的市值（已扣除利润分配）已超过 1961 年时的 2 000 倍。1961 年，我刚刚回到家乡堪萨斯州（Kansas）的威奇塔市（Wichita），进入父亲一手创办的家族企业，而现在科氏工业的市值，已经是那时的 5 000 倍之多。即便是在 2008 年的“大衰退”时期及此后的经济停滞期（这也是自“大萧条”以来经济最恶劣的一段时期），科氏工业的股东权益依旧增加了 100%，员工人数的增长率超过 40%。

很多企业为获得优惠待遇而游说政府，在那段经济衰退期，大批企业更是变本加厉地给政府施压以获得好处。他们确实得到了优惠待遇，但却是以牺牲纳税人和消费者的利益为代价。太多时候，在经济生活中，成功者和失败者往往决定于华盛顿之手。这就是“企业福利”，但有悖于自由选择和良性利润的内涵。依赖政策形成的强制性利润，完全与 MBM 的理念相对立，对此，我已经投入巨大的精力和资源阐述其危险性。

在 MBM 下，“有原则的企业家精神”优于企业福利，品德先于才能，挑战先于阶层，比较优势超越岗位权责，对长期价值创造的奖励先于预算管理。正是凭借 MBM，科氏工业才能让福利惠及每名员工、客户，以及因我们的高效能和创造力而受益于资源节约的所有人。

至于产品和服务能带给顾客怎样的价值，最有资格评判这一点的还是顾客自己。因此，致力于满足顾客的价值诉求，就是对他们最好的尊重。在这个过程时，我们就是在创造良性利润；而劣性利润则源于顾客的纳税和产品的高定价带来的额外收益，它是对其他公司良性利润的掠夺，也是对顾客最大的不敬。

正因如此，科氏工业始终反对一切形式的政府补贴，包括特殊税收减免、进口关税、出口限制、反竞争法以及财政救助等，自然也包括那些表面上有益于科氏的政府支持。企业福利削弱了福利接受者追求创新和为社会创造价值的积极动力，阻碍了非补贴制度下的自由竞争，限制了顾客的选择。

当然，在市场机制因为企业福利而受到扭曲时，为了维持竞争力，科氏工业就必须应对这些扭曲行为。譬如，和所有公司一样，我们也要充分利用合法的税收优惠政策。然而，包括进口关税、出口限制以及反竞争法规等在内的大多数补贴，均是以法律形式加以明确的，也就是说，它们是不可选的。

我们坚决主张取消一切扭曲竞争的非市场行为，当然也包括那些正在让我们受益的政策，譬如乙醇生产规范、对出口原油及天然气的限制和进口关税等。作为一家乙醇生产企业以及美国最大的原油与天然气消耗企业，这些有碍市场公正的政策确实给我们带来了短期收益，但从长期来看，它会让所有人受到损失，当然也包括科氏自己。

只有尊重每个人价值主张的自由社会，才有可能实现最大程度的繁荣。在新西兰和瑞士等富裕国家，尽管还做不到完美，但它们高度尊重包括财产权在内的个人权利。在这些国家，所有人都享有高度的言论自由，政府保证市场的独立、自由运行，这是其他绝大多数国家无法比拟的。

从古到今，无论是最理想的社会，还是最优秀的企业，都依赖自由的运行体系，在这个体系中，每个人和企业都为了改善他人的生活而不断自我完善。

正是凭借这种自由体系，企业家才能学会如何以经济手段最有效地利用资源，满足人们的价值需求。比如说，在开发出以光纤取代电线进行数据传输的技术后，信息传输企业便开始向光纤电缆转型，从而提高了数据传输的能力和速度，并将节约下来的铜材用于其他用途。这就极大地改善了图像、声音及数据的传输成本、速度和质量，进而创造了更多的良性利润。

在可以用经济信号引导自己的行为时，我们便可认识到，对其他人来说，最有价值的到底是什么，以及这些价值到底有多大。这样，我们就有动力以新模式取代旧模式，以更好地改善人们的生活。这也是台式计算机让位于笔记本电脑和平板电脑的原因所在：这种进步并不是因为政府的补贴或法令，而是源自消费者对新发明所表现出的偏好。

如果市场信号告诉我们，消费者对太阳能的偏好强于石油或天然气，那么，太阳能产业就无需像 Solyndra 公司[①]那样，热衷于寻求能源消费者及纳税人补贴等政治手段以获取利润。和其他产业一样，太阳能产业也应通过经济手段实现发展，而不是寄希望于强制性管制。

---

①美国太阳能电池板制造商，2014年因政府收回补贴而破产。——译者注

在科氏工业，我们高度强调持续性创新的重要性，不断以更有效、更先进的方式实现产品、服务和方案的更新换代，比如乔治亚—太平洋公司（Georgia-Pacific，以下简称 GP）生产的非接触式手巾和皂液壶。目前，该公司正在研发一种供医疗人员使用的系统，当他们在为患者进行处置前没有进行手部消毒时，该系统就会发出警报。

这也是我们推行“创新和破坏”[①]并借此创造良性利润的另一实例，因为减少医院的感染病原传播范围，就可以减少对床位和医药的需求。（尽管每次进步都可能让某些企业受到负面影响，但任何人都不会说，减少传染病原给整个社会带来了负面影响。）

英威达（INVISTA）针对尼龙制造开发的石油工艺流程则是另一个例子。科氏工业在 2004 年收购的这家公司，是世界上最大的纤维、高分子聚合物及化工中间体[②]生产商。我们的目标是以更有效的生物流程取代公司部分原有流程，解放更多资源以做他用。新的工艺流程将减少排放、能源消耗及其他副产品。

与新的生物流程相比，目前的某些工厂工艺十分落后，因此组织变革成了当务之急。从长期发展来看，老旧的工厂原本

①奥地利经济学家熊彼特最著名的观点，即每一次大规模的创新都会淘汰旧的技术和生产体系，并建立起新的生产体系。——译者注

②用煤焦油或石油产品为化学原料制造染料、农药、医药、树脂、助剂、增塑剂等的中间产物。——译者注

就应被更先进的工厂取代，将成本更低、对环境更友好的尼龙产品用于服装、汽车和家具，对消费者和社会而言都有益无害。企业家也得以与消费者分享这种利润模式所创造的价值。

MBM 促使我们关注尚未满足的消费者需求，并寻找满足这些需求的方式。与此同时，我们努力以更快、更好的方式达成这个目标。这就要求我们不断提升现有的销售、营销、运营、分销、财务、技术和研发能力。此外，MBM 还要求我们先于对手掌握新技能。比如，通过收购英威达和 GP 公司，我们得以在顾客营销和品牌建设方面培育新的技能，从而为现有业务和未来的收购打开新的大门。

我非常乐意与其他企业和组织分享我们的 MBM 指导原则。我不认为他人的成功会对科氏工业造成损失。相反，MBM 完全是一种双赢理念。MBM 不是什么独门秘籍，也不是一个任务清单，更不是一套跳出思维定式的口号集合。

MBM 绝非形式主义的管理体系，毫无使用价值可言。管理大师爱德华兹·戴明在目睹了无数个标语漫天的工厂之后发出感慨："消除口号。"他认为，口号只能让本已心存怀疑的员工最终相信，管理层根本就不知道他们在干什么。尽管我们从不怀疑戴明管理体系的诸多优点，但我们认为它过于狭隘，无法涵盖企业成功的全部因素。

MBM 有助于员工更好地回答"如何做"这个问题，并激励他们更进一步，让他们知道企业应如何通过自身行为实现整个社会价值的最大化。

因此，我们有必要提醒读者：尽管 MBM 潜能巨大，但要成功地将它付诸实践也绝非易事。在科氏工业开发和实施这些原则的 50 多年里，我们深刻体会到，简单照搬或是以自己的方式运用这种管理工具，还远远不够。关键要真正领悟它背后的基本原理，只有这样，才能根据实际情况解决实际问题。

要成功地运用 MBM，就必须将它的指导原则应用于组织的各个层面，尤其要让它们根植于领导者的思维深处。如果你从未拿过高尔夫球杆，从未开过车，不管多完美的理论指导或是说明书，对你来说都毫无用处。只有拿起球杆，握住方向盘，然后不断练习，让其成为你的第二天性，才能将技巧牢记于心，得心应手。与此类似，MBM 也需要变成引导企业行为的内在动力，以至于我们在践行 MBM 时甚至感觉不到它的存在。

作为第一代美国移民，我父亲弗雷德·科赫为 MBM 贡献了很多关键内容，比如对价值和企业家精神的强调。父亲是一个约翰·韦恩[①]式的人物，他的成功源于勤奋，他用自己的行为诠释了科氏企业文化中的某些核心理念（这显然不能速成或通过学习来掌握）：重视辛勤劳作，强调诚实正直，谦虚为怀，坚持终身学习。

①John Wayne，美国演员，以演出西部片和战争片中的硬汉而闻名。——译者注

在父亲的打理下，科氏工业实现了盈利，与此同时，他开始利用业余时间读书和学习，远离奢华挥霍的生活方式。尽管他智力超群，为人却极为谦虚，他会毫不掩饰地承认自己的不足，并坚信诚实是最宝贵的品质。他还尽一切努力让自己的下一代继承这些美德。

一些公开发表的记载中曾提到，青少年时的我不仅固执，而且叛逆心极强，这绝非凭空杜撰。在二十几岁时，我充满理想主义情怀，热衷于寻找以自由选择之道来解决人类问题的办法，甚至是一些激进的方式。

1961 年，我进入父亲一手创建的家族企业，当时的我立下了两个宏愿：一是帮助父亲打造一家有原则、有创新性并以创造真实价值和良性利润为宗旨的公司。在以父亲为核心的公司领导层的带领下，公司的净资产已达 2 100 万美元，但我认为我有能力让公司更上一层楼。不久后，我就在心里勾勒出公司的成长愿景。(2013 年，科氏工业的估值已达到我当时目标的 70 倍。)

我的另一个宏愿就是去探索那些让人类社会繁荣的原则。在这个问题上，我深受母亲的影响，她始终认为，帮助每个向她伸出求助之手的人，是自己义不容辞的责任。她关爱他人，具有奉献精神，在我看来，这也是亚当·斯密（Adam Smith）所追求的理想：

正是这种“为他人想的多，为自己想的少”的美德，以及摒弃自私并乐善好施的品行，构成了尽善尽美的人性；也唯有这样，才能让我们的情感和愿望和谐共存，使世界变得更加美好和繁荣。

斯密认为，只有自觉自愿地控制我们人性中的自私面，才有可能实现这样的理想。父亲也让我认识到，以强制手段追求“人性完美”必然产生副作用。当时，我完全接受他的观点，因为这毕竟是他在斯大林时期的苏联建厂时的亲身体会。然而，到了 20 世纪 60 年代，我对政府角色的认识却发生了转变，这源于我在威奇塔那段挑灯夜读的时期。

我在麻省理工学院取得了通用工程学士学位，以及核工程与化学工程的硕士学位。通过读书和研究，我认识到，我们生活在一个有序的宇宙中，而且自然界服从某些规律。人类要生存和发展，就必须认识和尊重这些规律。比如，牛顿第三定律表明，每个作用力都有一个与之相对的反作用力。(虽然如此，但我们还是经常忽略牛顿第三定律，甚至不惜让自己身陷险境。)

这促使我开始思考，社会福祉是否也服从某种规律。于是，我开始如饥似渴地研究每个相关学科，包括历史、经济学、哲学、自然科学、心理学、社会学和人类学，我恨不得读完与之相关的一切材料。我发现，所有相关学科都有一个共同之处：它们都解释了不同社会制度对社会福祉的影响。

我研究过古希腊、古罗马和中世纪的经院哲学[1]、象征自由的“荷兰黄金时代”、大英帝国以及其他主要文明的历史。结论显而易见：人类不仅习惯忽视物理学的客观性，也对“如何最好地生活和工作”这类最基本的社会原则视而不见，甚至宁愿以身试法。

几乎所有与哲学沾边的内容，从“左派”到“右派”以及两者之间的任何派别，我都有所涉猎。随后，我发现自己的政治取向不能简单地用当下的“保守派”或“自由派”之类的词汇来概括。

普拉图·亚里士多德、约翰·洛克、亚当·斯密、威尔·杜兰特、卡尔·马克思、弗拉基米尔·列宁、约翰·梅纳德·凯恩斯以及卡尔·波普等人都在我的思想中留下了深刻烙印，只不过这些烙印有好有坏。在社会福祉基本规律这个问题上，弗洛伊德·亚瑟·哈珀、弗里德里希·哈耶克、亚伯拉罕·马斯洛、路德维希·冯·米塞斯、迈克·波兰尼以及托马斯·索维尔的理论对我启发极大。

我至今仍记得最早改变我人生的两本书，它们分别是弗洛伊德·亚瑟·哈珀的《工资为何上涨》（*Why Wages Rise*）和路德维希·冯·米塞斯的《人类行为》（*Human Action*）。

---

①天主教在其所设经院中教授的理论。——译者注

被人们称为“秃子”的哈珀曾是世界顶级私立研究型大学——康奈尔大学的教授，他指出，与很多人所想象的不同，强迫企业向员工支付超过其生产力价值的工资，并不会提高员工的整体福利。相反，这样做反而有可能造成部分员工失业，进而减少总产量以及全体员工的福利总额。哈珀认为，真实工资取决于员工的生产力。弱化生产力和工资之间的必然关系，只会削弱员工的整体福利。（因为根据牛顿第三定律：每个作用力都会产生大小相等的反作用力。）

工资与生产力之间的偏离越大，由此导致的失业就越严重。这种偏离还有可能致使衰退演变成萧条。例如造成1929年“大萧条”的根源之一，就是美国第31任总统赫伯特·克拉克·胡佛推出的若干政策。在他犯下的诸多错误中，强迫维持低物价和高工资的政策可谓“功不可没”。反之，在工资制度上，雇主和雇员之间的自愿性安排有助于实现整体福利的最大化。如果员工的生产力很高，雇主要想留住他，就必须支付高额工资。

另一个在年轻时代改变我人生轨迹的人是纽约大学访问教授路德维希·冯·米塞斯。他以无与伦比的深度和视野揭示了这样的道理：一个以全心维护私人产权为基础的自由社会，始终如一的法律制度以及商品与服务的自由交易权，构成了最有利于实现人类福祉、进步、文明与和平的社会制度。

米塞斯教授在其传世巨作《人类行为》一书中，为人类如何实现最理想的生活及合同劳作描绘出一幅画面。他回答了几个最基本的问题，如“我们如何认知事物？”“我们如何判断何为真实，何为正确？”

书读得越多，我就越坚信，普适性的人类福祉必须依赖有效的社会制度，明确和维护私人产权，提倡言论自由、限制对私人协议及交易的干预，并允许以人类行为引导价格，而不是主观臆断事物的“理论”成本。

允许人们在公正限度内自由地寻求个人利益，是实现社会进步最有效、最具持续性的途径。要让每个人都有机会追求和实现幸福，就必须赋予他们自由，允许他们自主选择和犯错，而不是胁迫他们接受外界强加的选择。

我一边如饥似渴地吸收这些思想，一边摸索企业管理的方法，在这个过程中，我意识到这些原则不仅是社会福祉的根本(这一点已经被我的跨学科研究所验证)，也是企业发展和成功的基础。从某种程度上来说，企业在本质上相当于小型社会。每当我在工作中遇到挑战时，首先想到的就是自由社会的基本原则。果不其然，我最终感受到，适用于社会的原则也同样适用于组织。

尽管科氏工业的发展过程中有创新、成功和成长，但也有挫折和失败。我们从中收获的经验和教训得以让 MBM 在理论和实践中生根发芽，并不断发展和完善。我坚信，未来依旧如此。

自《做大私企》出版以来，科氏工业始终充满激情、义无反顾地追求自我完善，努力适应创新和破坏所带来的挑战。我们不断调整组织愿景，持续开拓新业务，培育创新能力，并持之以恒地扩大、提高我们的创新能力。科氏工业的员工人数大幅增长，股东权益也增长了一倍有余。这一切都得益于整个组织在认识和运用 MBM 上的突飞猛进。

我们始终在改变，而且改变的不只是愿景，还有所有行为方式，如人员招募与管理、实习制度、与大学的关系、与职业学校的关系、薪酬制度、商机形成网络、环境及安全制度，以及 MBM 的培训和应用计划等。通过收购具有全球领先地位的电子连接件及系统供应商莫仕（Molex），以及施行我们的创新计划，科氏工业获得了新的增值手段。在《做大私企》和 MBM 的基础上，本书提出了很多重要的新概念、新观点、新方法和新建议。

与《做大私企》最大的不同之处在于，本书不仅为各类组织提供了运用 MBM 的基本指南，还直接对科氏工业在运用 MBM 的过程中出现的问题进行了详细解答。不过，始终不变的是我们对 MBM 的坚持与完善，还有我们一直秉承的目标：让企业创造更大的价值，并以现有及潜在对手无法企及的方式，推动企业更快、更好地实现创新和破坏。

为实现这一目标，就必须让所有员工将这些牢记在心，而不是被他人告知该如何做，我在贝尔格蒙的同事们最初并没有认识到这一点。要让 MBM 成为解决问题、抓住机会的有效手段，就需要建立一种简化的框架。经过大量的试错后，我们将 MBM 组织为五个维度：愿景、品德和才能、知识流程、决策权和激励。本书将对每个维度进行分章论述。我们先来简单了解这 5 个概念：

愿景：科氏工业的愿景基于我们对企业在社会中的角色的认知，即在有效利用资源的前提下，为顾客提供更好产品和服务。借此，我们努力以服务于顾客和整个社会的方式创造利润。当然，这就是我们所追求的良性利润。

品德和才能：拥有技能和知识固然重要，我们可以请来世界上最杰出的 MBA 学生，但如果他们没有正确的价值观，我们注定会失败。因此，我们选人的标准首先是品德，然后是才能。

知识流程：对新员工来讲非常重要的一点是，在拥有了更好的答案时，他们可以用礼貌尊重的方式挑战自己的上司，这不仅是公司对他们的期待，也是他们的分内之事。当然，上司也有义务造就这种挑战权威的氛围。

决策权：就像房屋所有者永远都会比承租者更爱惜房子一样，只有让员工对职责范围内的工作拥有了决策权，他们才会对自己的工作引以为荣，并对结果切实承担责任。这对结果的改善作用显而易见，尤其当员工自身技能和特长与工作相匹配时，这种改善更为明显。

激励：在科氏工业，只要能创造出更多价值，任何人都可能比老板赚得更多。我们的目标是，不管职位如何，每个员工都应该实现产出的最大化。

除此之外，本书的另一个提高，就是引入了案例研究对这五个维度进行阐述。通过这些案例，你会发现，MBM 对这些概念的使用方式完全不同于其他大多数管理学论著。比如，对科氏工业来说，愿景并不是以静态方式对目标和愿望做出一劳永逸的总结。相反，愿景是一个动态的概念，我们会随着环境和机会的改变，利用自身能力为顾客和社会创造更多价值，并在这个过程中不断调整和完善愿景的内涵。

1961 年，在我加入科氏工业之初，公司的愿景是仅在俄克拉荷马州发展原油集输业务。作为我们的主要客户，大型石油公司当然愿意看到这样的结果，而且也让我们在父亲去世支付遗产税时有了较大的灵活性。这也是父亲最担心的事，因为他知道，这一天迟早都会到来。

之后，负责原油集输业务的公司前总裁斯特林·瓦纳（Sterling Varner）和我一同说服父亲，将此项业务拓展到俄克拉荷马州以外。这就要求我们提升货运、销售和贸易方面的能力。这样，我们就可以服务大型石油公司看不上的业务，从而开拓一个我们可以战而胜之的细分市场。后来，我们又发现为顾客创造价值的新机会，于是，我们将通过原油集输业务学到的东西运用到其他大宗商品集输业务中——首先是液化天然气，然后是天然气。

作为我们愿景的核心，这种良性循环一直延续至今。我们不断完善原有技能、学习新技能，并寻找新的创造价值的机会。这种模式显然有别于大多数企业坚守固有业务的传统发展思维。

此外，我们还要综合运用其他四个维度以实现公司愿景。正如人的身体不仅是各个器官的简单组合，MBM 也同样不只是五个维度的简单总和。如果全面认识这五个维度，并以相辅相成、不可分割的方式加以利用，任何企业都能实现变革。MBM 能让组织成员认识到，组织的目标就是创造真正的价值，这就强化了组织的生命力。与此同时，MBM 告诉他们如何实现这个目标，并激励他们付诸行动。

本书的价值在于，无论你身处哪个行业，都能学会用 MBM 为自己、为企业乃至整个社会创造良性利润，而不是依赖于捕风捉影的坊间轶事、流行一时的潮流或是枯燥乏味的教条理论。我希望每一家企业都能像科氏工业一样成功，甚至取得更大成就。因为我坚信，创新和破坏所具有的力量会让所有人受益。此书包含了我们亲身经历的经验之谈，我更希望它能给所有读者提供一条捷径，帮助读者进一步理解 MBM，并更有效地运用它。本书能够帮助读者最大限度地发挥自己的价值创造力，充分发挥自身潜能，并通过造福他人而造福自己。

本书的重要读者当然还包括科氏工业的员工。无论是现在任职于科氏的员工还是未来加入科氏的员工，只要是积极进取、渴望成功的科氏人，都将因此书而受益。在科氏工业，我们意识到，所有员工都能帮助我们完善 MBM，并通过 MBM 改善企业绩效。实际上，本书的大部分案例均来自科氏员工的创新和贡献。

任何一个有志于提高人类福祉的人，都能体会到本书强调的一个重要主题：以造福社会的名义实施的任何强制行为，最终只能适得其反。正如亚当·斯密所说："追求个人利益，往往比单纯造福社会更能促进社会利益。"

科氏工业的成功吸引着越来越多的人，当然，他们当中既有敬慕者，也有批判者。他们急于想知道，科氏工业在做什么，如何做，以及为什么这样做。当然，随着我们投入更多精力教育和动员人们通过倡导以市场为基础的政策提升整个社会（尤其是弱势群体）的福祉，这种关注的目标也变得多样化。

和很多人一样，你或许会问："查尔斯·科赫为什么要关心别人的成功呢？"当然，科氏工业员工的发展和繁荣才是我最关心的。但我认为，帮助弱势群体（那些最容易受到政府的不当政策和措施伤害的群体）实现自立同样重要。我为什么希望其他人、组织、企业和我们一样不断改善呢？答案很简单，因为当其他人以有原则的方式为自己谋取利益时，社会中的每个人都将从中受益。

科氏工业的成功已经证明了MBM的价值，它所依赖的理论基础具有合理性和统一性，并与组织的方方面面融合为一体。MBM已在科氏工业发挥了巨大作用，因此，我们有理由认为它也适用于其他组织。我相信，对于任何有原则的个人或组织而言，不论你们身处哪些行业、担任什么职位，MBM都将为你们创造长期价值。

我深信，正确地践行MBM，始终是我们成功的原动力。历史不能代表未来。要持之以恒地创造卓越业绩和良性利润，唯有不断深化和完善我们对MBM的理解和应用。

市场经济需要不断以更高效的新途径为人类创造更高价值，或是帮助人们到达前所未有的新高度。同样，我们也在不断学习和完善MBM。对于试图认识和运用MBM的读者，无论你着眼于企业利益，还是整个人类的福祉，我都希望你在探索旅程中持续受益，不断取得成功。

第1章

无以复加的成功自豪感：来自父亲的人生哲理

如果让你错失成功的荣耀感，我肯定会感到非常遗憾，而且我很清楚，你不会让我失望。切记，逆境是一种隐藏在痛苦表象下的赐福，也是最能磨砺我们性格的宝贵机会。

——弗雷德·科赫

“你可以与荷兰人交谈，但不要说得太多。”我的父亲经常拿自己开玩笑。他的下颌骨稍宽，脸呈方形，拥有超人的决断力以及忍耐力。他曾尝试过无数的创业机会，有得有失。我的祖父哈里·科赫同样是一个冒险家，在十几岁时，囊中羞涩的他就带着满脑子“西部拓荒”的想法从荷兰移民到了美国。

不论脾气好坏，荷兰人的倔强都是众所周知的。但也正是荷兰人的坚忍，以及对知识和新思维的执著追求，让他们在 1581 年摆脱了西班牙人的统治。在 17 世纪荷兰的“黄金时代”，他们创办了世界上第一家证券交易所。当时，荷兰人享受着全世界最高的生活水平，并在艺术和科学方面成就斐然，创造了长期繁荣的文化。当荷兰人享受自由和互惠的社会体制时，他们的欧洲邻国还在血雨腥风和贫困中挣扎。

初到纽约，我的祖父哈里·科赫的第一份工作是在印刷厂做学徒。随后，他又辗转于密歇根和芝加哥两地的荷兰报社，他的英语在此过程中大有长进。这份工作让他经常有机会南下密西西比州（Mississippi）、路易斯安那州（Louisiana），以及加利福尼亚州（California）的特里尼蒂（Trinity Dam）、得克萨斯州（Texas）的奥斯丁（Austin）与加尔维斯敦（Galveston）。1891年，他乘火车来到得克萨斯州的夸纳（Quanah），并收购了一家濒临破产的周报和附属印刷厂。这份报纸便是至今仍在发行的《简要论坛报》（*Tribune-Chief*）。

夸纳是一个非常贫困的地方，因此，祖父的很多顾客不得不通过实物来抵付部分款项。当地读者很看重这份报纸上的新闻和广告，祖父也很珍惜读者对报纸的惠顾。正是在这种良性利润的驱动下，《简要论坛报》（*Tribune-Chief*）才得以发行逾百年。

祖父的荷兰口音非常重，在读“科赫”的名字时带有一种柔和的喉音，而用得克萨斯州西部的发音读他的姓氏更像是“乌鸦叫”（Caw）。多年后，有人在火车站通过广播喊我父亲的名字，居然将他的名字直接读成了“弗雷德·考克”（Fred Coke）。父亲始终没有学会得克萨斯州西部口音，于是，他干脆接受了这个发音，这也算是对美语语音学的一点贡献。

在高中时期，父亲不仅是学校足球队的队员，还是一名出色的演说家，更是一名优等生。随后，他进入了当时提供全额奖学金的莱斯学院（Rice Institute），并被推选为班长。敢于冒险的精神让他在那时就得到了回报，在得悉麻省理工学院开设了化学工程课之后，他便转至该学院学习。当时，麻省理工学院每年的学费约为 300 美元。因此，在从得克萨斯州搬到波士顿之前的暑假，父亲找到一份在货轮上拖洗甲板的工作来赚取学费，这艘货轮不定期往返于纽约和伦敦之间。

化学工程很适合我父亲。他在麻省理工学院的硕士毕业论文就是关于缅因州班格尔一家造纸厂对保护环境的贡献。无巧不成书，这家造纸厂在若干年后居然被 GP 公司收购。（尽管 GP 公司随后又卖掉了这家工厂，但始终拥有夸纳附近的 Acme 石膏厂，这里也是父亲当年暑假勤工俭学的地方。）在父亲眼里，班格尔的这家工厂充满无限商机，无论是废水循环再利用还是能源保护，都有利于环境改善。因此，这两项事业不仅对父亲意义重大，对科氏工业也至关重要，因为它们让很多企业及其所在社区相互受益。

因为在拳击上曾受过祖父的亲手点拨，所以父亲在麻省理工学院求学期间，很快就成了学校拳击队的队长。1922 年毕业后，父亲曾供职于三家公司，并一直担任化学工程师。值得一提的是，我母亲也是个多才多艺的人，她集高尔夫球运动员、垂钓高手、猎手和珠宝首饰设计师等诸多身份于一身，在手眼协调方面的能力可见一斑。父亲不仅具备出色的运动天赋，还拥有不服输的竞争精神。后来，他也鼓励四个儿子掌握一点拳击技巧。

尽管拳击是我最喜欢的奥运项目之一，但也仅限于喜欢，我们兄弟中没有人把它当职业。相对于体育，我的哥哥弗雷德里克更喜爱艺术，并最终进入哈佛大学修习人文学，而后在耶鲁大学研究戏剧学。我则时常想起在麻省理工学院打橄榄球的那段时光，我们曾两次夺冠。至于我的两位弟弟——大卫和比尔则进入了麻省理工学院篮球队。大卫是球队队长，也是学院的全明星球员，他曾在 1962 年单场砍下创纪录的 41 分，而那个纪录足足保持了 46 年之久。

父亲大学毕业后进入了德士古石油公司，在得克萨斯州亚瑟港的炼油厂担任化学工程师。随后，他又短暂就职于著名的堪萨斯城炼油开发企业——汽油产品公司（Gasoline Products Company），担任化学工程师。

1924 年，父亲的工程师生涯出现了重大转机。当时，他在麻省理工学院的同学卡尔·德加纳尔（Charles de Ganahl）给他推荐了一份工作——在新英格兰的一家炼油厂做设计和建筑工作，这家工厂属于卡尔的父亲查尔斯·德加纳尔。与科氏工业一样，德加纳尔家族也是 19 世纪来到美国的欧洲移民，他们定居在得克萨斯州。

查尔斯·德加纳尔是一个有着传奇色彩的杰出企业家。他正直守信、充满激情。当时，我的父亲只有 24 岁，几乎毫无商业经验可言，更缺少社会关系，而查尔斯的引导和教诲，彻底改变了他的人生。父亲对查尔斯非常尊重，以至于让我随了他的名字。他们彼此尊重，惺惺相惜。查尔斯在数年后写道："弗雷德·科赫是这个世界上最值得信赖的化学工程师，他是我认识的年轻人当中最聪明的一个"。

父亲给很多重量级人物留下了极好的印象，除了德加纳尔家族，还有斯特林·瓦纳（Sterling Varner），后者的父亲和祖父均从事油田承包工作。但父亲在乎的不是社会地位，而是从自己的价值观出发，平等对待每一个人。好人都愿意和他相处，并为他创造了很多机会，这或许就是物以类聚、人以群分的道理。

1925 年，父亲在麻省理工学院的学习经历、智慧和处世之道再次得到回报。他在麻省理工学院的另一位同学——多比·凯斯邀请他加入位于堪萨斯州威奇塔市的一家工程建筑公司，该公司由凯斯本人与刘易斯·温克勒创办。我的父亲接受了邀请，并投资 300 美元成为了合伙人。3 个月之后，凯斯另谋高就，温克勒—科氏工程公司（Winkler-Koch Engineering Company）

便就此问世。

温克勒—科氏工程公司的前两个年头十分艰难。由于公司的自有技术和资金严重不足，所以不能提供包含设计、设备采购以及建筑管理等在内的完整服务。因此，小额的工程费也就成了这家公司唯一的收入来源。后来，听我父亲说，那个时候他几乎身无分文，只能睡在办公室的一张小床上。

1927 年，生意终于有了起色，这还要得益于我父亲的发明。他研究出一种新技术，改进了重油转汽油的热裂解工艺。这项发明不仅降低了成本，还提高了产量，除此之外，机器的停工期也远低于竞争对手。终于，在为岩石岛炼油厂成功安装了一批设备后，温克勒—科氏工程公司的名声一炮打响，在随后的 2 年里，公司平均每 7 周即可售出一套新设备。

温克勒—科氏工程公司在向独立炼油厂提供服务所取得的成功,很快便引起了各大石油公司的注意。为垄断这项转换技术，多数大石油公司把裂解专利集中到由环球油品公司（Universal Oil Products Company，UOP）管理的专利协会里。这个特殊的协会被业内戏称为“专利俱乐部”，未加入其中的独立生产商如需使用该技术，则需向他们缴纳每桶 30 美分的专利税，而当时一桶汽油的零售价也才 3 美元多一点。

相比之下，我父亲的研究成果没有向使用者收取专利税，这就进一步提高了这项技术对独立炼油厂的吸引力。1929 年，由于忌惮独立炼油厂不断提升的竞争力，“专利俱乐部”以侵权 40 项专利的罪名，将温克勒—科氏工程公司及其所有客户告上法庭。这些诉讼给温克勒—科氏工程公司在美国及大部分欧洲地区的业务造成了巨大的经济损失，但是通过在国外建厂，特别是在苏联兴建了 15 座裂化厂后，公司得以生存下来。正是因为来自苏联的合同，让温克勒—科氏工程公司在“大萧条”最初的几年反而做得风风火火，财务状况得到巨大改善。即便如此，我父亲依旧对苏联的业务非常谨慎，并始终要求客户支付 90% 的预付费用。

和父亲共事的苏联工程师验证了他对当地市场的担忧，他们向父亲讲述了世界革命①的手段和计划，温克勒—科氏工程公司在苏联的合作方几乎在一夜间消失殆尽。这段经历让父亲刻骨铭心。

“专利俱乐部”起诉温克勒—科氏工程公司的官司持续了 23 年，只胜诉 1 次，但那次判决也因法官受贿而被撤销。这起丑闻的影响巨大而深远，结果那些大石油公司把 UOP“捐赠”给了美国化学学会（American Chemical Society）。温克勒—科氏工程公司向法庭提起反诉讼，并于 1952 年获得 150 万美元的赔偿。

---

①20世纪初期和十月革命胜利前后由列宁为首的俄国布尔什维克党提出的关于推动和实施世界范围内无产阶级社会主义革命的学说。——译者注

尽管反诉成功，而且赔偿金额颇为可观，但这件事还是改变了我父亲。他建议我 :“永远不要打官司，因为即使胜诉，律师和政府各得到 1/3 的好处，公司却会遭受重创。”我一直努力遵循他的建议，很少对别人提起法律诉讼。遗憾的是，他忘了告诉我怎样避免被别人起诉——当然，也包括我们自己家人。不过，稍后再谈那些。

科氏工业的奠基

20 世纪 30 年代末，父亲的工程事业举步维艰。“大萧条”使公司还处在水深火热之中，“专利俱乐部”的起诉也使得境内的热裂变工艺业务无法盈利。于是，他的眼光开始转向其他领域。

幸运的是，父亲的好名声再次为他提供了帮助。作为最大的独立炼油企业和温克勒—科氏工程公司最大的客户之一，格罗布石油炼制公司（Globe Oil and Refining Co.）决定建造一座日产量 10 000 桶的炼油厂，地址在伊利诺伊州伍德河附近的伊利诺伊河沿岸，圣路易斯河上游约 15 英里。

格罗布石油的老板奥肖内西（O’ Shaughnessy）希望借助合作形式降低经营风险，并将新的能力引进这家新公司。最初，他请到了密西西比河上最大驳船船队的主人——汉克·英格拉姆。因为英格拉姆可以为原油及进出炼油厂产品的运输提供便利。随后，奥肖内西又找到我父亲，请他负责新厂的设计及运营。

父亲接受了邀请，但条件是持有相当数量的公司股权。1940 年。父亲以 23 万美元的价格买到了伍德河炼油公司 23% 的股份，该公司历经发展，最终成为今天的科氏工业。奥肖内西和英格拉姆各持有 33% 的股份，来自格罗布石油的两名员工则均分剩余股份，各持 5%。炼油厂最终在 1941 年建成并投产。当时持有公司股份的人，或许根本料想不到这家公司将创造怎样的奇迹。

“二战”的爆发促使美国国会在 1940 年到 1943 年期间推出四项《超额利润税法案》，导致所得税率从 25% 猛增至 95%。因此，在战争期间，伍德河炼油公司的所得税平均税率接近 70%。

尽管税负率如此之高，但政府依旧要求伍德河炼油公司不断提高高能航空油的产量。此外，与其他能源一样，原油供给也因战时短缺而无法得到保障。意料之中的是，几位主要股东之间也爆发了冲突。

交易结构成为引发争议的内在诱因之一：为炼油厂提供原油的格罗布石油公司员工以及出售格罗布产品的经销商，同时参与伍德河炼油公司的原油供给和产品销售。这必然引起公司中非格罗布员工的猜疑，让他们以为伍德河炼油公司没有得到公平待遇。不管这个理由是否属实，有一点始终确信无疑——只要协议中存在利益冲突，就不可能行得通，至少长期看来的确如此。

1944 年，来自格罗布石油的员工同意，将他们持有的伍德河股份按成本价转让给父亲，分歧由英格拉姆处理。自那以后，我的父亲和英格拉姆成为平起平坐的股东。1946 年，伍德河炼油公司收购了俄克拉荷马州邓肯市日产 8 000 桶石油的炼油厂，及其配套的日输送 10 000 桶原油的集油系统[①]。为此，他们向 L.B. 西蒙斯公司支付了 60 万美元现金，外加伍德河公司 10% 的股份。上述资产被全部投入伍德河公司的全资子公司——岩石岛炼油公司（Rock Island Oil and Refining）。尽管俄克拉荷马炼油厂于 1949 年关闭，但其集油系统却发展为伍德河炼油公司开发主要业务的基础。

1949 年，伍德河公司发生亏损，这促使他们将位于伊利诺伊的炼油厂卖给辛克莱石油公司，并获利 400 万美元。通过这次资产清理，公司得以回购了除父亲和 L.B. 西蒙斯以外其他股东的股份。他们保留了伍德河这个名字，并于 1954 年初计划在芝加哥附近兴建一家新炼油厂，但他们很快就放弃了这个念头。

父亲是有智慧、守原则的人，也是名副其实的企业家，更是受人尊重的成功者。虽然如此，他始终保持着令人敬佩的谦逊。1948 年，他在写给匹兹堡一位朋友的信中说："我们的石油生意已经发展得很大了，因此，它需要一个更聪明的人和一个更

①将原油从井口输送到主要输油管的系统。——译者注

优秀的组织者来打理。”

父亲的身体每况愈下，他不仅患有高血压，还有严重的心脏病，这些疾病最终夺去了他的生命。1940 年，医生怀疑他的下颚出现恶性肿瘤，并使用镭针为他治疗，由此导致他的上颚受到损伤。此后，父亲的语言能力受到严重影响，甚至在别人面前吃饭都会让他感到难堪。他觉得有必要换一份新的行当，最好不需要与外人进行大量语言沟通。这样看来，牧场似乎很适合他。

于是，在 1941 年，他在堪萨斯州的弗林特山购置了大块土地，后来成为了“斯普林克里克”农场。他原本打算在这里与世隔绝。40 年后，母亲回忆起那段经历时说：“对你父亲来说，那真是一段可怕的时期。他无法工作，什么事情都做不了。”母亲总能用心感受到他人的痛苦。母亲说：“他就这样生活着，似乎毫无怨言，但有时候，他会向我倾诉，说他已经无法忍受这种痛苦了。”

谢天谢地，一位圣路易斯的医生终于找到办法，帮助父亲治愈了下颚的问题。父亲的病情开始逐渐好转。此后，克斯普林克里克也成为父亲最喜欢去的疗养地。他开始痴迷牧业，而且每个周末都会和我们一起待在牧场的小木屋。除此之外，他还开垦了一块人工盐渍地，这不仅可以为牧场的牲畜提供充足的食用盐，而且成本极低。

父亲总是对一切充满好奇，因此他很容易喜欢上新事物，但大多只是喜欢，并未深入探究。在这几年里，他尝试过很多新行当，比如玻璃纤维管、野营拖车（科氏露营者）和家用冷却塔等。在出游南非时，石棉的用途让他惊叹不已，于是，他又开始考虑石棉生意。（感谢上帝，他最终没有这么做。）他甚至尝试过将一批小型轰炸机改装成公司专用飞机。

此外，父亲还研究过蒸馏塔[①]装置，并信心满满地开发了一套名为 Kaskade 的分流设备，遗憾的是，这套设备倒置时的运行效果似乎更好。每次想到这件事，父亲自己都忍俊不禁。

这些尝试虽然没有成功，但他在 1921 年白手起家创办的公司却取得了成功。在 1961 年我加入时，这家公司的价值已经超过 2 100 万美元。最初，除了他那“智慧无穷的大脑”之外，他一无所有，但这就是他唯一的、最珍贵的财富。事业发展壮大后，他在夸纳为祖父母购置了一套漂亮的房子，并为他们养老送终。然后，他又和母亲一起，迎来了我们这 4 个不省心的男孩：弗雷德里克生于 1933 年，我出生于 1935 年，随后是 1940 年出生的双胞胎大卫和比尔。

在 1948 年写给匹兹堡朋友的那封信中，父亲这样描述弗雷德里克：“他是个非常聪明的小家伙……他思路清晰，且极具艺术天赋。”事实证明，弗雷德里克最终成了一名艺术品收藏家，

①根据液体沸点的不同对其进行分离的设备，用于炼油厂和化工厂。——译者注

并为全球多处历史遗迹进行修复工作。

在父亲眼里，我是一个“拥有出色天赋的大孩子”，但我的工作态度还是让他不太满意。他写道：“所有人都喜欢查尔斯，但只要没到最后期限，任何事情都不会让他着急。”

父亲在信中说：“至于这对双胞胎，大卫思维敏捷，动作灵活，是个天生的运动员，而且十分务实。如果这几个孩子中能出一名工程师，我想非他莫属。”

双胞胎中的另一个是威廉（我们喜欢叫他比尔）。父亲在信中对比尔评价道：“个性非常可爱，但脾气非常暴躁，而且性情倔强得让人难以忍受。我想，这或许就是爱尔兰人和荷兰人基因融合的结果吧。”

父亲在同年写给另一位得克萨斯州朋友的信中说：“孩子远比挣钱更重要。”然而，父亲在信尾再次展现了他的幽默感，这次调侃对象是约翰·洛克菲勒：“当然，就像洛克菲勒说的，金钱不是一切，还有股票、债券和其他有价证券。”

家庭生活

当然，父亲并不是唯一对我们这几个男孩子产生影响的人。不过，尽管母亲心灵手巧，多才多艺，但父亲毕竟是家里的顶梁柱。他的品德毋庸置疑。

至今，我还记得20世纪40年代和父亲及兄弟几个去看电影的事情。在赶到电影院时，等待买票的人群已经失去秩序。为了买到票，我们兄弟几个想方设法往前挤，但一向教育我们要诚实正直的父亲却不允许这样做。他示意我们，在人群的后面重新排成一列。

父亲曾发誓，永远不会让他的儿子们成为“乡村俱乐部的流浪汉”。于是，他竭尽所能地帮助我们树立正确的劳动观，培养我们的求知欲。父亲去世后，我打开他的保险柜时，找到了一封父亲写于1936年的信件，信中流露出他的担心。为了支撑我们的学业，父亲给我们购买了保险，但他觉得，这笔财富或许会成为祸害，而不是福利。父亲在信中写道：

> 你们可以把这笔钱当作成功的有益工具，也可以愚蠢地挥霍掉。如果你们选择让这笔财富毁掉你个人的奋斗和独立精神，那么，它将会是对你们的诅咒。如果这样，我把这笔财富留给你们的做法就大错特错了。如果让你失去成功的荣耀感，我肯定会感到非常遗憾，而且我很清楚，你不会让我失望。切记，逆境是一种隐藏在痛苦外表下的赐福，也是最能磨砺我们性格的宝贵机会。

父亲主张通过参与体力劳动培养我们的劳动精神。然而，弗雷德里克始终置若罔闻，因此，我就成了父亲培养劳动观的主要对象。在我 6 岁时，干活几乎占据了我全部的空余时间。我开始在自家 160 英亩的土地上辛苦劳作，挖掉四处蔓延的蒲公英。年纪稍长后，又开始给牛圈马圈铲土，给家里的牛马治病，捆扎干草，给奶牛挤奶。干完这些家里的琐事，我还要到车间里搬钢板。

到 15 岁时，我被认为已经可以到自家的农场或是其他地方独立应付一摊活计了，比如把牛和马圈起来，修补围栏，挖水沟，在常年干旱的地上钻水孔，在谷物升降机上铲谷物等。

有一年夏天，我在蒙大拿州百年谷几英里之外的一个军营工作。和我同住一屋的人叫贝特鲁特·鲍勃，他自诩曾在“二战”期间因临阵脱逃而被开除。他经常在半夜里掏出左轮手枪，对着小木屋的屋顶开火。于是，每当下雨时我们俩就只能忍受湿漉漉的感觉，但这丝毫不能阻止鲍勃的不羁性情。我青少年时代的生活，完全谈不上放松和享受。

时至今日，我才感觉到，正是父亲近乎刻薄的爱拯救了我。而实际上，我的确是个不好对付的人。因为那股自由倔强，在高中毕业时，我已经更换了 8 所学校。多年之后，我曾问父亲，他为什么没有像对我那样对待弟弟们。他回答说：“孩子，你已经让我精疲力竭了。”

我 5 岁时被送进一所天主教学校，在里面待了两年。即便在这么小的年纪，我就已经是个怀疑论者了。我曾质问修女，圣坛后面怎么会有耶稣呢？虽然她们会以全麦面包和牛奶奖励每一次正当行为，但这点奖励对我来说显然毫无作用。

时间过得很快，我的第8所学校是卡尔沃军校。不过，在第一年里，因为在春季假期从威奇塔返回印第安纳州的火车上喝啤酒，我被逐出了校门。后来鉴于我对此悔恨不已，卡尔沃军校重新让我入校，但条件是我必须补完整个学期的课程，外加暑假期间的标准化骑兵训练。

那年夏天，我就住在紧挨着马棚的一个帐篷里。因为我的任务是其他暑假学员的4倍之多，因此我不得不每天半夜爬起来，躲到马棚的公共浴室写作业。因为熄灯号响过之后，只有那里还亮着灯。我就坐在浴室的板凳上，完成自己的课后作业。

不过在最后一年，我再次违反了校规——我试图将一个同学的脑袋撞向房间的窗户，这家伙可是学校足球队的明星后卫。我的爆发并非无缘无故，在一次例行的房屋检查中，他居然掏出我壁橱的全部衣服扔到地板上。

幸运的是，他们并没有再次开除我，因为此时的我已属于荣誉生。此外，毕业在即，我又收到了麻省理工学院的入学通知。不过我还是丢掉了荣誉生的称号，而且在毕业前6周，我必须牺牲自己全部的空余时间，端着步枪在校园内巡逻。

在被卡尔沃军校开除的短暂时间里，父亲将我送到得克萨斯州的叔叔家。在那里，我在夸纳高中完成了那个学年的课程。我对数学似乎有着与生俱来的天分。我还记得我在数学期末考试中答对了全部 10 个问题。而我当时的想法是，既然只答对 70% 就可以及格，我也没有必要太努力。尽管我是一个思想独立、偶尔暴躁的少年，但我很清楚，这种想法总让人觉得不妥。

进入麻省理工学院那天，我就从未想过再回到威奇塔，在父亲手下工作。我的独立精神与他的独断专行注定格格不入。直到那时我才明白，他所说的“不要让荷兰人知道得太多”，根本就不是什么玩笑，他是认真的。此外，我也没有被确立为科氏工业的继承人。他只是要求我在空余时间必须工作。除此之外，他从未透露过任何让我参与公司业务的念头。

在麻省理工学院的最后一年，我的平均成绩徘徊在“B－”上下，我自认为这个成绩还说得过去。我在波士顿那段时间过得非常自在，毕竟，我彻底摆脱了军队化生活的约束。麻省理工学院只要求学生通过考试并完成研究项目即可，因此，我可以充分体验这份来之不易的新自由。然而在那个夏天短暂回到威奇塔时，父亲坐在我对面说：“孩子，即便你只能靠挖水沟过一辈子，我也不在乎，但如果你想让我替你交学费，那你还得努力学习。”不可思议的是，我的成绩立刻提高了整整一档，达到了“A－”水平。

在麻省理工学院的最后一个学期，父亲收购了明尼苏达州圣保罗市附近的松弯炼油厂（Pine Bend Refinery）35% 的股份。松弯炼油厂成立于 20 世纪 50 年代中期，为刚刚在萨斯喀彻温省发现的重油提供了市场。事后看来，这笔交易对科氏工业极其重要，无论怎么强调都不为过。

大北方石油公司（Great Northern Oil Company，简称 GNOC）的股东包括两家独立石油公司和霍华德·马歇尔二世（Howard Marshall II）。两家石油公司均为加拿大的萨斯喀彻温省油田的大型采油公司，而马歇尔二世是一位著名的律师，也是石油行业的领头人。到 20 世纪 50 年代末，两家公司先后被辛克莱石油公司（Sinclair Oil）及精炼石油公司（Pure Oil）收购。作为收购伍德河炼油公司的前负责人，自 1950 年该公司被辛克莱接手以后，艾克·穆尔（Ike Moore）便一直为辛克莱效力。

穆尔知道我的父亲想在炼油行业东山再起，因此，在辛克莱石油公司决定出售其持有的大北方股份时，穆尔便马上将这件事告知了我的父亲。父亲没有做任何调研，就以 500 万美元的价格买下了辛克莱的股份。事实证明，他的直觉和判断力无比正确。当时（1959 年 2 月），松弯炼油厂日产 3.5 万桶石油，现在其产能是原来的 10 倍。

1959 年夏天，伍德河炼油公司更名为岩石岛炼油公司（Rock Island Oil and Refining Co., Inc.）。刚开始，岩石岛公司的业务很简单，只有农场和从 L.B. 西蒙斯手里收购而来的原油集输系统，以及刚刚收购的大北方石油公司。当时科氏工程公司还在独立经营，只拥有在威奇塔的一家工厂，而且产品非常单一，只有一种名为的轻便型浮阀塔盘（Flexitray）的分馏装置。与前身 Kascade Tray 不同的是，这款新产品大获成功。

无法拒绝的邀请

1959 年，我从麻省理工学院毕业之后留在了波士顿，并在当时最顶级的管理顾问公司——理特管理顾问公司[①]工作了几年。我的职责是产品开发、流程开发以及管理咨询服务。这项工作的性质让我得以推迟应征入伍。（我曾参与过一个很有趣的项目，为政府设计一座制造强力大麻制品的工厂。生产这种产品的初衷，就是以毒品“炸弹”为手段，用更人道的方式控制敌人。）

虽然会涉及毒品炸弹这种不道德的产品，但我还是觉得这份工作很刺激，而且很受启发。在整个设计过程中，尽管我是唯一一个二十几岁的年轻人，却要经常向公司 CEO 汇报工作。我很享受这种收获，而且非常愿意留在波士顿。但就在此时，父亲却向我发出了无法拒绝的邀请。他用了一年时间，好言好

①Athur D.Little, Inc.，简称ADL，又称阿瑟·D.利特尔咨询公司，1886年创立于美国波士顿，是全球第一家管理和技术咨询公司。——译者注

语地哄骗我回到威奇塔为他工作，但却未能如愿。于是，他向我发出最后通牒：他身体欠佳，如果我不能回家跟他学习如何管理家族企业，他除了卖掉公司之外，将别无选择。

尽管我至今仍不清楚，到底是什么原因促使他采取这种极端方法，但我现在坚信，他始终期望我有朝一日继承他的家业。或许是我在理特管理顾问公司的成功最终让他相信，我的确是一个有着卓越商业天赋的人。凭借多年对我的磨炼，他当然很清楚我的劳动观。我的兄弟——年龄最大的弗雷德里克，从未展现过对工程或商业的兴趣，更不必说天分。尽管我们的双胞胎弟弟们也在麻省理工学院读工程专业，但他们比我小了整整5岁，而且还未完成学业。由此看来，父亲除了将这份工作交给我之外，的确别无选择。

时至今日，我唯一可以确定的是，父亲担心他的身体很难继续撑起这家公司。父亲向我承诺，他允许我独自管理科氏工程公司及其摇摇欲坠的蒸馏塔内件业务，而且绝不会横加干涉。除了出售公司以外的事情，都不需要征求他的同意。这也是我真正经营一家公司的大好时机，于是，我接受了父亲的条件。

1961年回到威奇塔时，我已经拿到了一个学士学位和两个工程学硕士学位（核物理及化学），还有两年咨询公司的工作阅历。父亲对我说的第一句话就是：“我希望你的第一笔生意赔钱；否则你会高估自己。”其实他大可不必担心，因为在随后的几年里，我做的很多生意都赔了钱（后续再谈那些失败的生意）。

在我接管科氏工程公司之前，公司的销售额还不足 200 万美元，几乎入不敷出。公司在欧洲的业务更是一团糟。父亲曾想过亲自带领公司渡过难关，但考虑到我将要管理科氏工程公司，因此，他对我说，这件事应该由我来做。此时，我才意识到，自己对如何建立一家成功的企业还知之甚少，尤其是一间国际性企业。不过我还是非常勇敢地接受了这个挑战。

幸运的是，公司在欧洲业务方面的问题十分明显，即便我当时没有什么管理经验和海外阅历，也足以解决这些问题。为防止潜在竞争对手照搬蒸馏塔的内件，我们曾采取了某种手段，即在意大利贝加莫（Bergamo）建立自己的工程及制造基地。然后建立一个为客户提供优质服务的机构。

如今，这种应对措施反而给我们自己带来了麻烦。形形色色的承包商要在不同国家生产不同的零部件，然后在另外的地方统一组装，由此导致最终的产品成本过高，性能低劣，而且结构复杂。在随后的几年里，为实施我设计的解决方案，我大部分时间都在欧洲。

通过在理特管理咨询公司的工作以及我的全部学习经历，我很清楚地认识到，企业存在的目的就是为客户创造价值。我阅读过的大量商业文献告诉我，如果不能让客户满意，就不会有生意可做。正如沃尔玛创始人山姆·沃尔顿说的那样："这个世界上只有一个老板，那就是客户。他可以随便开除公司里的任何人，上至董事长，下至普通员工，而且他的手段很简单——只需不买你的产品即可。”

站在巨人肩上

父亲果然信守承诺，他几乎完全放手，让我独自管理科氏工程公司。在对公司的欧洲业务进行重组之后，我在 1962 年被派到圣保罗市，到大北方石油公司工作 6 个月，了解炼油业务。在回到威奇塔之后，我又频繁前往欧洲推行转型工作。

早在科氏工程公司工作的时候，我就深知企业愿景的重要性（因为那时我们还没有真正的愿景），更知道知人善任并让他们各司其职的重要性（这同样是我们没有做到的）。在 27 岁时，我被任命为公司总裁。这是必然之举，也是父亲在兑现对我的承诺：让我根据自己的判断经营科氏工程公司。

随后，我马上着手将科氏业务推广到欧洲以外的地区，以此提高公司的销售额及产能，并增加了其他产品。为此，我采取的第一步就是引进一名商务开发人员，协助我们增加新产品。相较于发展科氏工程公司的目标而言，我显然更适合于总裁这个职位。

我们的努力得到了回报：到 1965 年，公司销售额增长了 1

倍多，从盈亏平衡到利润可观。我一开始采用的思路，就是现在 MBM 的核心理念——理解并不断完善和提高我们的能力，并积极寻求最大程度创造价值的机会。

除了在欧洲建立自己的制造基地并在威奇塔开设新厂（这些举措大大改善了 Flexitrays 浮阀塔盘在全球范围内的营销、销售、设计及制造）之外，我们还拓展了相关产品市场，如冷却塔填料、热交换器、除雾器、污染控制设备以及膜分离系统等产品市场。

同样是在 1962 年，我开始着力扩大岩石岛炼油公司的主营业务——原油集输。在此过程中，斯特林·瓦纳成为我的战友。第一次在百年谷过暑假认识他时，我还只有十几岁。斯特林非常赞同我为科氏工程公司设立的愿景。我们大张旗鼓地购置油罐卡车、货运公司及输油管线，在其他石油公司因忌惮风险而不敢下手的地方铺设输油管道。一家大型石油公司的高管曾说："当心！只要转过身，科氏就会在你身后修一条输油管道！"我和斯特林都把这当成是赞扬。

当我们的原油集输业务蒸蒸日上时，父亲的身体却愈加虚弱。1966 年，父亲任命我为岩石岛炼油公司的总裁。按照他的说法，即便他发生不测，也不会影响公司的继承问题。1967 年 5 月，他患上了严重的心脏病，不得不住院两个月。当年 11 月，他再次病发入院，最终与世长辞。

1968 年 7 月 1 日，为纪念父亲，我们将岩石岛公司改名为科氏工业集团。我有幸在父亲去世之前与他共事 6 年，他对我本人及公司的发展有着深远的影响。我们能看得更远，并不是因为我们有多睿智，就像牛顿说的那样，那是因为我们站在了巨人的肩膀上。父亲以自己的方式，成为这个托起我的巨人。

实际上，每个人都从父母的教诲中受益匪浅，我当然也不例外。我的收获与教训不仅限于生意，更多的是人生中最基本的价值——诚实正直、谦虚为怀、有责任心、劳动观、企业家精神、求知欲、奉献精神以及关心他人等。这些价值对我的从商之路乃至我的人生产生了深刻影响。对于父母赠予的这些宝贵财富，我永远无以为报。

第2章

后弗雷德时代的科氏工业：知人善任

人类的无限多样性……为合作共赢、互惠互利提供了无限可能……只要我们想办法实现这种合作，就可以通过推动人类发展进程，享受到单打独斗无法取得的好处。

——弗雷德里克·亚瑟·哈珀

插画大师索尔·斯坦伯格（Saul Steinberg）在 1975 年发表了漫画《小心眼纽约人眼中的世界》(*A Parochial New Yorker's View of the World*)。漫画描绘了一个势利的曼哈顿人向西瞭望第九大道时看到的景象。这幅插图在 1976 年 3 月 29 日被用作《纽约客》杂志的封面，即便在今天看来，它依旧让人忍俊不禁。

如果你放眼太平洋，那么在看到对岸的日本、中国和俄罗斯之前，你首先要越过美国的中西部和西部，那里似乎已成为曼哈顿巨大的后花园。加拿大和墨西哥则是花园的围墙，园内零星点缀着几株不太引人注目的花草：芝加哥、堪萨斯城、内布拉斯加、得克萨斯、拉斯韦加斯和洛杉矶。

漫画中，斯坦伯格用辛辣的讽刺描绘了纽约人的习惯：认为其他地方远不如纽约那么重要，或是不像纽约那么与众不同，但事实并非如此。这幅讽刺漫画或许可以说明，为什么某些人会觉得沃伦·巴菲特和我有很多相同之处。毕竟，我们几乎比邻而居，都住在距离堪萨斯城3小时车程的周边区域。沃伦和我恰好相互认识，除了在美国中部都经营着一家特别赚钱的企业之外，我们还都喜欢打高尔夫球。但是，这些是我们仅有的相似之处。除此之外，我们不仅政治理念不同，而且经营理念和公司类型也大相径庭。

诚然，与科氏工业一样，伯克希尔·哈撒韦公司的总部也设在中西部，旗下拥有一大批彼此相去甚远的实体公司。巴菲特会在一家公司最有吸引力时投资，只要公司管理者称职，巴菲特就会向他们保证，除了现金投资决策之外，他不会干涉公司的任何其他事务。随后，他会让公司像收购之前那样独立运行。

科氏工业的管理模式则有所不同，而且从我在20世纪60年代初接管公司以来就一贯如此。从那以后，收购其他公司是我们的经营战略之一。通过收购，我们不断扩大自己的价值创造能力。当被收购公司的能力可以提高我们的现有能力，或是能为公司发展创造新的平台时，这种增值性尤为突出。科氏工业迄今为止最大的两次收购——对GP和莫仕公司的收购均能体现这点。我并不是说科氏工业现在已经完美。尽管公司当下的增长模式比父亲在世时更系统化，但它仍在实践中不断摸索和试错。在科氏工业，“悉心准备”的实验每天都在进行。在前进的道路上，错误不仅不可避免，而且比比皆是。

自 1940 年科氏工业创建以来，如今已成长为全球第二大私人企业，这并不是因为我们恰巧在正确的时机选择了正确的行业，也不是像有些人说的那样，因为华盛顿的朋友可以助我们一臂之力。相反，科氏工业的成长源自创新，源自我们通过艰苦奋斗不断发现和收购有益于客户和整个科氏工业的企业。

我经常把我们的行为看成是用砖块砌墙，或者说琢石艺术。首先，我们要精心选择一块合适的石头，并对其进行适当加工，然后把它摆放到恰当位置，再选择另一块与之搭配的石头。尽管每块石头都不同，但它们摆放在一起后恰好形状互补，最终形成一个相互支撑的整体。

尽管父亲推崇的价值观对我影响深远，并成为我们的指导原则，但在他的思想中，并没有提出以能力驱动的企业愿景。然而，当他从自身能力出发，沿着他设想的目标前进时，我们同样取得了杰出的业绩：温克勒—科氏、伍德河、岩石岛乃至大北方，就是最有说服力的验证。

如我在序言中所述，在父亲生命的最后几年，病情的恶化让他越来越担心遗产税或将让公司担负巨大压力。在“二战”

期间“超额利润税”的重压下，父亲深知，他日后或许无法给孩子们留下任何东西，那种感觉让他难以承受。

出于这种担心，他停止了一切资本开支，这就限制了公司能力的完善和增长。直到“超额利润”税取消，我们合理解决了父亲的遗产问题之后，科氏工业才终于走上了快速扩张之路。

第一层石：原油集输

在子承父业、成为公司的董事长兼 CEO 时，我才 32 岁。在随后的几年里，斯特林·瓦纳和我始终强调原油集输业务的增长，因此，我们将科氏工业 90% 的利润再投资于该业务，这一策略至今未变。在斯特林的领导下，科氏工业已成为美加两地最大的原油购买和集输企业，日产量从 1960 年的 6 万桶到 1990 年的超过 100 万桶。

这种超凡的成长源于新的企业愿景：通过主动出击，提供最优质服务，并与原油生产商建立最密切的合作关系，以此成为最有竞争力的原油采购者。这些愿景至今未变，实际上，这也是一切产业兴旺发展的前提。

斯特林和我最初规划愿景时，科氏工业的大多数客户还属于独立的生产商。我们在原油采购及运输方面的竞争对手要么是小型运输公司，要么是大型石油公司。要争取到这些独立的原油生产商，我们就必须主动出击，以低于竞争对手的价格为他们提供更优质的服务。

因此，只要这些独立生产商宣布钻井计划（而不是等到油井钻成之后），我们就立刻出现在他们身边，第一时间和他们建立合作关系。此外，我们的货车就停在油井旁，随时待命，一旦油井出油，我们便可将原油立即运走。

相对于小型竞争对手，我们的另一个优势来自资产负债表。尽管还不能与大型石油公司相比，但至少可以让这些原油生产商相信我们的支付能力。即使在经济不景气时，我们一样可以及时付款。此外，由于某些油井所有者多达数十人，所有权结构极其复杂，我们需要十分精准地确定交易对象。这时，科氏工业组织和制度的强大优势就得以体现。

科氏工业发展壮大的另一个关键因素，就是不断提高输油管道的运输能力，并在输油管道和货车输送方面显示出超过竞争对手的成本优势。这也是获取良性利润的基础：以最低的成本为客户提供最优质的一站式服务，并以不断发展的机会吸引最优秀的员工。我们的目标就是成为客户、供应商、社区居民和员工最值得信赖的合作伙伴。时至今日，初心不改。

当然，我们也会遇到时运不济、投资亏损的时候。但是，如果我们不愿冒险，或是没有足够的资金去投资，那我们就只能甘于平庸，无法与竞争对手拉开差距。

随着原油业务规模的扩大，我们偶尔会出现销售不畅、库存积压的情况。于是，我们开始培育原油贸易业务。

这样我们就可以让原油生产商相信，我们可以为他们开采的原油开拓市场，并且创造利润。这就是科氏工业贸易业务的开端。

科氏工业在发展进程中的第二个阶段，体现为“多元化经营”，这也是《福布斯》杂志在为私企排名时给我们的定义。按照这种模式，我们将拓展更多领域，发挥科氏工业在原油集输方面的能力。这也促使我们进入液化气采集、分馏及贸易等领域，并最终成为此类业务中全美最大的公司。为此，我们还要开发新的业务能力，比如高挥发性液体的加工仓储，将混合物分离成高纯度产品等。

随后，我们利用在液化气方面建立起来的经营能力，涉足天然气采集、运输、加工和贸易业务。反过来，天然气供给方面积累的优势又促使我们将一体化运营推进一步，进入氮肥生产等领域。

到 20 世纪 70 年代初期，科氏工业已建立起三套完整的业务体系，也从三个方面为我们打造不同产业结构提供了机会。这三种能力体现为原油集输、炼油和分馏塔内件——它们几乎是三种完全不同的行业能力。

一旦出发，我们就必须不断前行。原油集输让我们得以重组液化气和天然气采集加工业务，进而拓展到化肥生产业务。

炼油为我们进入化学制品行业奠定了基础，包括化学药品、聚合物、纤维，以及纸浆和纸张等，部分产品帮助我们进入消费品行业。

分馏塔内件业务则延伸出热交换器、锅炉、照明灯、薄膜隔离件和其他污染控制系统以及天然气工厂的设计和建设。在这些领域中，智能产品和智能生产过程的出现，引起了我们对电子连接件及系统市场的注意。

当然，所有这一切，都需要让合适的人担任合适的职位。早在制定企业管理体系基本原则时，我们就注意到了这一点，而且这也是我在进入公司那天起就始终强调的首要任务。尽管我的态度强硬，但父亲却保持了他仁爱宽厚的一贯作风。虽然有些人不适合当下的职位，父亲通常还是会让他们做自己习惯做的事。

科氏工业之所以能够挺过最初的艰难时期，还要感谢斯特林·瓦纳的巨大贡献。有时候，我们要和销售人员聚餐饮酒，秘书们甚至没空打字。斯特林却并不这样，他在工作时间从不喝酒，即使是招待客户，他也只是喝上两杯。

此外，由于公司业务拓展，出现了大量的职位空缺，因此，他有时还要亲自招聘新人，并为他们安排合适的岗位。

回归炼油主业

切莫低估青少年时期工作经历的价值。在少年时，我就曾利用几个暑假在油田工作。在理特管理顾问公司工作时，我还曾为埃克森石油公司（EXXon）做过咨询工作。1961 年，我曾在明尼苏达州大北方石油公司的炼油厂工作了 6 个月，最初的职位是工程师，而后是销售员。此外，明尼苏达州双子城（Twin Cities）的大型精炼油产品市场，成为科氏工业得天独厚的竞争优势。同样，临近加拿大重油生产基地，也让我们在原油供给方面受益匪浅。

我相信，科氏工业不仅会在炼油行业取得成功，而且必将不断发展壮大。这种判断在很大程度上源自我早期的工作经历。科氏工业在 1969 年收购的大北方石油公司则为我们的进一步成长提供了平台，也让我们得以进入更多领域，为科氏工业的发展壮大奠定了基础。

收购大北方的过程并非一帆风顺。这要求我运用刚开始学习的某些新思维，比如企业家精神和主观价值，甚至是有关“交易结构”等观点。

在解决了父亲的遗产税问题后，我首先找到联合石油公司（Union Oil），协商购买该公司对大北方石油公司持有的 40% 股份。他们的报价远高于市场合理价位，因此我断然回绝。随后，联合石油公司开始向独立炼油公司兜售这些股份。这表明，潜在买家有可能通过收购霍华德·马歇尔二世持有的股份控制大北方石油公司。

为避免出现这样的结局，我拜访了早在 1959 年就已建立合作关系的霍华德·马歇尔。我深知，让他信任我（如同信任我的父亲那样），我们才能互利共赢。我向马歇尔建议，将他对大北方石油公司持有的 15% 股份与我们持有的 35% 股份合到一起，设立一家持股公司对大北方进行控股。我还向他承诺，我们愿意将马歇尔对控股公司的股份转换为对科氏工业的股份，从而让他成为科氏工业的股东。（考虑到税制问题，如果直接向马歇尔出售科氏工业的股份，哪怕只是约定大北方股份与科氏工业股份的转换率，他也要为此纳税。）

尽管这笔未来的交易只是口头承诺，但马歇尔还是毫不犹豫地接受了。尽管有人愿意为大北方的股份支付一笔控制权溢价[①]，他仍心甘情愿地将大北方股份转换为对科氏工业下属一家新公司的股份。在掌握了大北方石油公司 50% 的股份后，我们在与联合石油公司的谈判中取得了主动权。最终，对方将价格降至较为合理的水平——2 500 万美元。

这样的信任在生意场和生活中都难得一见，但这种信任也让马歇尔得到了巨大的回报。随着科氏工业的成长，他的净资

①指控制权交易中超出股份市场价值的利益。——译者注

产已经比当时增加了若干倍。他后来曾著文写道："事实证明，这是我有史以来最成功的交易。"对科氏工业而言，这次收购为之后的超级增长铺垫了最坚实、最关键的一块砖。作为科氏工业发展史上最生动鲜活、浓墨重彩的一笔，它再次验证了一个道理——在信任基础上进行互惠互利的自愿交易，不仅是经济自由的基石，也是创造良性利润的关键。

大北方成为科氏炼油（Koch Refining）的一部分，借助于它的能力，科氏工业的其他业务得以拓展。科氏炼油也逐渐演变成一家大规模的多元化企业，先后涉足化学制品、聚合物、润滑油和生物燃料等领域。

自 2010 年以来，科氏工业还陆续收购了 7 家乙醇工厂及其用于生产其他生物燃料的资产和技术。与业内其他公司不同的是，我们始终主张取消政府对乙醇产品的税收优惠政策，尽管我们自己也是这一政策的受益者（该优惠政策最终于 2011 年被取消）。此外，我们还一直倡导政府废止对汽油乙醇含量制定的强制性标准。

为什么科氏主张取消优惠政策？如序言所说，因为我们坚信，企业福利于社会福祉有害无益。在任何情况下，只要不断创新，我们总能找到合理的经济手段实现乙醇业务的盈利，而不是依赖政治性手段（详见第 8 章）。

新的主旨并不意味着我们对炼油业务漠不关心。相反，我们始终致力于通过加大投资力度，不断满足和改善日趋变化的市场及环境状况。这其中就包括：满足日益提高的碳排放物及能源使用要求，通过页岩油和油砂技术的创新，对新的原油供给进行更有效的加工。这些举措必将为美国和加拿大带来巨大经济收益，还将为数亿民众带来更廉价、更可靠的能源，并为相关企业创造更可观的良性利润。

我们坚信，来自加拿大的油砂会造福于美国经济。正是基于同样的观点，促使我们坚决支持“基石输油管线”项目[①]。反对我们的某些批评家认为，基石输油管线一旦建成，科氏将因此盈利 200 亿美元，但这种说法纯属无稽之谈。

实际上，根据估算结果显示，我们购买每桶加拿大油砂的价格反而会因此提高 3 美元左右。因为建成基石输油管线只会降低油砂运抵目的地的成本，而不是我们炼油厂的成本。近期，我们的明尼苏达州炼油厂日原油采购量约为 24 万桶，而加拿大的日产原油量还不到 100 桶。因此，假如“基石输油管线”项目已投入运行，科氏工业每年的利润总额将减少 2.6 亿美元。

我们预测，如果管道项目为科氏带来每 1 美元的利润（更不用说 200 亿美元），我们在加拿大的产量就需要在原来的基础上再增加 0.2%，但这根本不可能实现。

①建造一条直接打通上下游的跨国输油管道，将加拿大原油直接输往美国，后被奥巴马政府否决。——译者注

认识层面

和科氏的其他业务一样，要想在炼油业务中不断取得成功，必须深刻理解并严格践行MBM管理模式。早在20世纪70年代，我们就已经开始打造世界一流的市场知识及量化分析能力，拓展我们在全球范围内的业务和有形资产。今天，认识全球市场仍然至关重要，因为通讯技术的发展早已让市场全球化。每个国家都有自己的制度、文化和语言，要了解一个国家，就必须拥有充分掌握相关信息。因此，跨国经营的难度变得更大，而且需要一套新的技能体系。

我们针对大宗商品交易开发的量化研究及风险管理能力，为我们的金融资产及养老金基金等投资业务奠定了坚实基础。事实证明，正是凭借这种宝贵的能力，科氏工业才能在2008年金融危机中全身而退。

我弟弟大卫的经历，印证了全体成员形成共同认识、接受共同愿景的重要性。正是因为大卫的杰出领导能力以及甘愿将利润投资于企业持续成长的长期价值创造，科氏工业如今的工艺设备和工程业务量比1961年增长了1 000多倍。（看来父亲看好大卫当工程师的潜质是有根据的。）

1970年，大卫加入科氏工程公司担任技术服务经理。1979年，他成为科氏工程公司的总裁。在他的带领下，他的团队极大地拓宽和延伸了公司的产品线，显著提高了生产能力，科氏工程公司后更名为科氏化学技术集团公司（Koch Chemical Technology Group，简称“科氏化学”）。

今天，科氏化学已成为诸多技术领域的领导者，比如物质传递、氧化、污染控制、热传递、薄膜分离技术以及气体分馏装置设计和制造等。有了这些顶级的流程工艺和加工设备，燃料和化工产品的生产效率大大提高，而且纯度更高，污染更小。科氏化学的薄膜分离系统可以将废水转化为饮用水，这又是价值创造的范例。

一次重要的试验

林业产品业务与炼油业务有很多相同之处，这在外行看来似乎很难理解。实际上，木材制浆与石油精炼的化学工艺流程相同。这两种工艺流程都是将多种原材料转化为各种产品，而且所涉及的业务都要依靠强大的工艺工程、系统优化、贸易及物流能力。

2004 年，在业务开发部门的协助下，我们收购了一家小型林产品公司。在收购其他相关企业遭遇失败后，我们听说 GP 对股价不太满意。GP 公司管理层认为，由于公司被市场看成大宗商品企业，导致其股价受到市场打压。但实际上，公司近一半业务为浴巾、卫生纸、水杯和盘子等消费品。

为改变市场印象，GP 试图卖掉部分大宗商品业务，其中就包括两家纸浆厂。于是，我们联系该公司管理层并与之谈判，最终以 6.1 亿美元的价格买下了这些工厂。

我们将这笔收购看成一次宝贵的尝试。我们的 MBM 和化学工艺是否同样适用于林业产品呢？这次试验的结果，将最终决定林业产品是否应成为科氏工业未来的发展方向。随后，我们很快发现此次收购是一次巨大的成功。因为此举不仅提高了我们的短期收益，也为科氏工业的未来创造了机遇。于是，我们开始在这一领域寻求更大的发展机遇。

经过深思熟虑，我们计划在 2005 年整体收购 GP，并提出报价。这要求我们启用史上最大的第二留置权[①]。这笔交易的最终价格为 210 亿美元，足足比收购英威达多出了 5 倍，也是科氏工业史上最大规模的一次收购。

GP 在林业制品及消费商品业务领域为科氏工业提供的运营能力和增长平台，对我们而言意义非凡。GP 是世界上最大的纸巾供应商，并在北美地区拥有众多顶级的消费品牌，如 Quilted Northern 超柔双层卫生纸、Angel Soft 大卷双层卫生纸、Brawny 纸巾以及 Dixie 纸杯等。此外，这家公司的其他业务同

①指债权人按照合同约定占有债务人的动产。若债务人没有按时还债，则债权人有权依法留置其财产，以折价、拍卖、变卖等方式取得的价款相抵。——译者注

样首屈一指，尤其是建材和包装材料，并拥有众多如 Dens 人造壁板以及 Plytanium 胶合板等知名品牌。

多元化之路

以能力驱动的模式确实有助于改进我们为客户创造价值的方式。2006 年，科氏工业的业务开发团队再次在玻璃制品行业觅得良机。由此，我们最终在 2012 年收购了加迪安工业公司（Guardian Industries）44.4% 的股份。加迪安工业公司的总部位于密歇根州（Michigan），是一家跨国玻璃产品制造企业，其产品包括可用于家庭、办公室及大楼的节能型玻璃制品、汽车夹层玻璃、镜子以及其他涂层玻璃和专用玻璃制品。

科氏工业史上第二大收购目标是莫仕公司——全球领先的电子连接器制造公司。莫仕公司生产的连接器和其他部件可用于智能电话、计算机、汽车等各类电子设备。这家公司始终致力于发掘新的市场需求，并通过加速创新和新产品商业化满足人们对电子连接设备的需求。莫仕的某些产品对 GP 和加迪安公司的部分业务至关重要。

科氏工业对莫仕的收购让有些人感到意外，因为此次收购意图远不及收购英威达和 GP 那么明显，后两者毕竟属于化工行业。其实这并不难理解，因为科氏工业是一家以能力为主导的企业，并依此寻找发展机会。我们对 MBM 的五个维度和科氏工业的核心实力充满信心。它们完全可以帮助莫仕创造超凡的价值，并将其转化为科氏的另一个强大发展平台。这显然是一笔互惠互利的交易。莫仕在电子和 IT 技术方面的能力，必将为科氏其他产品、工艺和业务体系提供强有力的推动作用。

今天，科氏工业已成为一个庞大的商业帝国，包含九大专业公司（见附录 A）、众多财务投资公司及科氏牧牛公司（Matador Cattle Company）。这些企业无不得益于 MBM 及其在实践中获得的经验。此外，它们也在不同程度上受益于科氏工业的六大核心能力（见第 6 章）。

值得一提的是科氏工业的牧场业务，从弗雷德·科赫最初的投资开始，今天已成为美国十大奶牛及牛犊饲养企业之一。牧牛公司专门从事日本红牛饲养，它是日本人历经 90 年严格基因筛选形成的纯种牛，不仅肉质极为纤柔可口，其油脂不饱和程度也远超过其他品种，这也使其成为最有益于心脏健康的牛肉。

宏伟规划与试验性探索

由于科氏工业集团的发展史极为简短，因此我们或许会给人留下这样的印象：科氏工业的实践经验不断完善，并接二连三地取得成功，而且每次成功都建立在上一次成功的基础之上。

尽管如此，我们也不能用历史的轨迹去预测未来。

无论在商业、经济还是科学领域，要想取得进步，就要经历试验和失败。既然市场经济是试验性探索的过程，那么失败就不可避免。如果你企图避免一切失败，那么最后只会满盘皆输。关键在于，我们要意识到自己正在进行试验探索，并将试验规模控制在一定范围内。

在科氏工业发现日本红牛肉这个细分市场之前，我们的农产业务也曾在 20 世纪 90 年代中期经历过一场“非理性繁荣”。我们最初的设想是生产优质牛排并制定较高价格，改良磨面及烘烤工艺，并通过收购普瑞纳公司（Purina Mills）而成为农业及动物饲养领域的领导者。那时，我们谈论的是“如何从天然气到面包酱”。我们原本以为这是我们可以实现的产品链：从天然气，到氮肥，到谷物，再到面粉……直到变成可以摆上超市货架的比萨面团。

我在前文提过，科氏工业的试错法也曾屡遭失败。作为一个好的试错法，它应该在大规模实施前对某种创业的合理性进行校验。因此，试验规模应该与这个机会的风险与潜在收益相匹配。但我们却忘记了这一点，因此将这种试验探索模式直接套用在所谓的“从天然气到面包酱”理论上，结果必然损失惨重。我们的比萨面团还没有来得及由市场检验，就变成了牧场牲畜的饲料。

无论是商业、经济还是科学研究，任何过程都要经历试验和失败，这是无法避免的。如果你只喜欢“宏伟计划”，而对试验毫不关心，那么你注定不会理解失败在人类社会发展过程中扮演的角色。失败之后，我们会马上总结经验，找出教训，对不合理的方法进行改进和调整，从而尽可能地减少浪费，更加合理地运用稀缺资源。市场经济本身就是试验探索的过程，在这个过程中，企业的失败是必然现象，任何逃避失败的尝试都是徒劳的，而且只会迎来更惨重的失败。

要发挥试验探索的价值，不仅需要合理设计，还要清楚应在何时进行。只有这样，我们才能最大限度地减少风险，降低资源浪费。科氏工业旗下的公司都曾经历失败，并由此得出结论：当我们知道自己只是在试验时，会下意识地认为风险很小。抱着这种想法，失败自然随之而来。

20 世纪 70 年代初，科氏工业曾大举进军石油及油轮贸易业务，结果却损失惨重。那是科氏工业史上最失败的一次冒险：在 1973 年的“欧佩克危机”①期间，我们的业务量明显超过了自身能力范围。随着阿拉伯产油国减产并收缩石油供给，导致油轮市场几乎崩盘，也让我们遭受了巨大亏损。这绝对是一次

①即第一次石油危机，由于1973年10月第四次中东战争爆发，石油输出国组织（OPEC，又称欧佩克）为了打击对手以色列及支持以色列的国家，宣布石油禁运，暂停出口，造成油价上涨。当时原油价格从1973年的每桶不到3美元涨到超过13美元，是20世纪下半叶三大石油危机之一。——译者注

刻骨铭心的教训，我相信，我们绝不愿意再承受这样的损失。

我当然希望科氏工业的失败仅限于此，但事实并非如此。(见附录 B)。不过，我们取得成功的一个关键因素恰恰是敢于承认失败，接受失败，并积极采取措施减少由此带来的损失。我们不会用有限的资源（人才）去拯救岌岌可危的业务。相反，以往的经验和教训告诉我们，必须学会利用这些资源去开发真正潜力巨大的商机。

冷静的思考让我们体会到一个经久不衰的真理：所有试验性探索给我们带来的损失总和，还不及因为错过任何一个真正机遇而放弃的潜在利润。真正的机遇并不少见，比如炼油企业、储油企业、化肥企业以及化工企业等。如果我们在合适的时机买下其中的任何一个，带来的利润都足以抵消这些损失。

需要注意的是，我们放弃的很多业务，并不是失败的。它们曾经成功，只是在我们清理或退出时，这些业务到了瓶颈期，让我们认为它们无法创造足够价值。不过，对其他人而言，它们也许更有价值。

由于每家公司在能力和环境上都有所不同，因此，某项业务或某个工厂对不同企业的价值也相去甚远。人们都会出于自身原因喜欢某种而放弃另一种产品、服务或机会。

及时放弃发展潜力有限的业务，集中资源于更有前景的业务，始终是科氏工业的成功秘诀。

“他人所弃之石，已为我屋之基。”《圣经》中的这句话在科氏工业得到了验证。毫无疑问，我们在成长过程中曾选择过很多石头。有些适合我们，有些不适合。但不适合我们的石头并不意味着它不会成为别人的奠基石。正是凭借我们挑选出的每块石头，科氏工业这座大厦才能不断壮大。

第3章

王妃、打工妹与熊彼特：创新和破坏的超凡优势

资本主义的功德其实不在于让王妃拥有更多长筒袜，而在于让打工妹凭借劳动也能得到长筒袜，且获得长筒袜所付出的劳动日渐变少。

——约瑟夫·熊彼特

我的妻子利兹曾开玩笑说，当我们在 1972 年结婚时，她就知道自己的一生将乐趣无限。但她没有意识到的是，担惊受怕也注定不可避免。

我们结婚后不久，厄运便不期而至。当时，我们还住在拥挤不堪的大学生公寓，屋里到处都是书。离开波士顿后我们把家安在了威奇塔。那里是科氏工业的总部，又是生我养我的地方，因此我当然希望在那里扎根，生儿育女。伊丽莎白生于 1975 年，两年之后，切斯就出生了。

1974 年，我们的第一个家破土动工，而当时科氏工业处于史上最黑暗的时期：欧佩克石油危机与美国的工资价格管制政策给我们造成了双重打击。我非常担心公司因此一蹶不振。

一天晚上，我坐在刚刚挖好的地基沿上，双脚悬在地基孔中，盘算着我们可能铸成的大错。我担心的是，如果公司破产，这座房子也会受到殃及。我对利兹说：“好吧，现在还不晚。我们暂时取消剩下的活计，把这个洞填上。”

尽管经历了一些艰难的事，但公司和那个地基孔还是留了下来。实际上，我们至今仍住在那所房子里。自 20 世纪 70 年代以来，尽管经历多次重新装修，但房子的基本格局从未变过。虽然最终科氏工业渡过了难关，但那次经历还是让我谨记一个教训：任何有可能改变人生的失败，都足以让我们铭记终生。

利兹当然知道这些，因为她的祖父艾伦·辛克尔曾在华伦斯坦—科恩波士顿百货商店工作。1924 年，她的祖父收购了这家企业的全部股份，并将公司重新命名为辛克尔百货商店。在最巅峰时期，辛克尔百货商店在美国西南部拥有 14 家店面。利兹在 13 岁时就开始在她祖父在威奇塔的两家商店里工作。到 22 岁时，她已升至正式职员，负责分流客户。这份工作需要很强的商业直觉和责任心，而利兹很快掌握了这些技能。随着年纪的增长，利兹变得越发睿智。

20 世纪 70 年代，大多数家族经营的百货商店被不断淘汰，客户开始偏爱凯马特之类的折扣连锁店，而逐渐淡忘了辛克尔这样的夫妻店。毕竟，要享受个性化的服务，客户就需要承担更高的商品售价。而零售业的另一个极端形式，就是管理费用相对较低的小型专业商店。在与辛克尔这种大型百货商店的竞争中，它们成功占得上风，并最终让很多大型百货商店退出市场。

之后，越来越多的客户开始使用美国运通（AE）、维萨（VISA）和万事达信用卡（MasterCard）购物，人们对辛克尔等商店发行的记账卡失去了兴趣。更糟糕的是，辛克尔还要为这些记账卡消费支付手续费（往往高达交易额的 5%）。因此，记账卡消费原来创造的净利润也变成了净亏损。这让辛克尔与很多类似百货商店几乎难以为继，而互联网的出现，则以创新和破坏将实体店面彻底击垮。

熊彼特曾在 20 世纪三四十年代执教于哈佛大学，他被认为是 20 世纪最伟大的经济学家之一。他说：“成功企业都是站在不断崩塌的土地上成长起来的。”不错，每个生存下来的企业想要成功，都要面对残酷的现实。

在科氏工业，我们很早就意识到，任何人都不可能摆脱这个现实。正如亚当·斯密在 18 世纪时所说，很多人试图借助政治手段保护他们的企业，但最终必将有损于社会整体利益。科氏工业从不尝试这种方式，相反，我们始终致力于推行熊彼特所说的创新和破坏，不断推出新产品、新技术、供给来源和新组织模式。

2014 年，我和利兹带着孩子和孙子去法国旅游，庆祝她的

70岁寿辰，这也是我们一生中唯一的一次全家游。在法国，我们的确发现很多值得羡慕的地方，不过，有一点却让我难以接受：为保证小型独立书店的盈利，当地政府禁止网络零售书店为折扣书籍提供免费送货服务。

我是一个书虫，家里收藏了不计其数的书籍。在我威奇塔的办公室的墙上摆满了书。不过，尽管我爱书如命，但我仍以为，强迫人们光顾小书店，无疑是对消费者的不敬。此外，这种做法还忽视了一个事实：书籍零售业务同样站在“不断崩塌的土地上”。

企业的职责就是尊重和满足客户的价值需求（即使是其他形式的商品），而不是去游说政府出台能使自己受益的政策。归根究底，这些举措违背了客户的意愿，就是对客户最大的不尊重。在一个以全人类福祉最大化为目的的社会，只有倾听不断变化的客户需求并做出积极响应，企业才能获得良性利润。

企业在倾听和满足客户需求的过程中，自然会因此受益，同时造福整个社会。企业要做到这一点，需要深刻领悟并接受一个事实：客户的需求和愿望是不断升级变化的。

个人计算机取代大型计算机就是一个接受并适应社会需求的例子，体现了对客户需求和意愿的尊重。当然，假如你是一家大型电脑制造商，或是一家小书店店主，或是面对汽油需求不断萎缩的炼油厂老板，你当然会觉得这无法接受。但这恰恰体现出，适应客户不断变化的需求，预见这种变化并据此培育新的能力来满足这种需求，是多么重要。

创造良性利润没有捷径可言，某些条件永远不可或缺。我们需要建立一种让“最能满足客户需求的人”成为成功者的社会体系。只有这样，才能实现企业与消费者的双赢。对此，熊彼特写道：“产业变异的过程……即不断地从内部变革社会经济结构，不断摧毁旧体制，创造新体制。这个创新和破坏的过程就是资本主义的本质。”

在一个接受现实、鼓励创新的社会里，熊彼特的创新和破坏理论必将长期造福于所有人，即使是那些站在“崩塌的土地上”的企业主和员工也不例外，只是他们或许不会获得到立竿见影的好处。

当企业通过创新和破坏取得成功时，必然会在整个企业及其社区范围内产生连锁反应。当然，某些人会因此受益，而某些人则会承担损失，但就总体而言，社会的整体福利会因此改善。

逻辑和情感

在成长过程中，我的父母始终在以不同的方式真诚地关心他人。母亲情感细腻，多关心他人所需，而且对认识的每个人都怀有深深的责任感。在我看来，母亲关心他人到了极致，以至于自己承受着负担甚至是伤害。一旦她拒绝他人的邀请或要求，就会产生负罪感，即便有些要求她根本无法做到。

在很多方面，母亲是对父亲最完美的互补，因为父亲关心的往往与人无关。在一封写给朋友的信中，他自己也承认："我的工作必须建立在严密的逻辑和绝对的理性之上，因此，我注定不会成为情感细腻的人。"

和父亲一样，我也是一个用数学和逻辑思考的人。更幸运的是，我也有一个关爱他人、情感细腻的妻子。千万不要因为贝尔格蒙的事情就以为我不喜欢意大利人。利兹婚前的名字就是意大利人的名字——布齐。我们结婚 48 年以来，她的热心与忠诚始终使我获益良多。

理性与情感的冲突永远是创新和破坏的主题，长久以来，这种冲突一直在我生活中不断出现。在 20 世纪 60 年代末，我曾与大卫的女朋友就政治哲学问题展开了一场不分上下的激烈辩论。在这场辩论中，她越来越激动，以至于越来越极端，最后甚至认为政府就应该支配民众的生活，而她给出的解释是："这对大多数人有利。"

最后，我问她，是否接受美国《宪法》对个人权力的保护。她的回答是否定的，她认为，只要符合大多数人的愿望，就应该赋予政府自由裁量权。我接着反问她："如果你是红头发，但是大多数人投票支持杀死红头发的人，你会接受吗？"这句话彻底压制了她咄咄逼人的气势，让她无助地哭了起来。她的基本理念体系四分五裂，以至于第二天早晨还在掉眼泪。

大卫女朋友的反应给我留下了深刻印象，以至于50年后我对此事仍记忆犹新。它让我认识到，要改变那些基于情感而非现实和逻辑的根深蒂固的信念有多难。

如果能让打工妹穿上凯特王妃的丝袜，甚至更好的丝袜（比如由我们自己生产的尼龙或是英威达的“莱卡”纤维材料制作而成的丝袜）。

但是，这也有不好的一面：当打工妹因为其老板践行创新和破坏理论而失去工作时，或许你也会感到难过，这并非小事。由此给这个打工妹带来的压力和失业的恐惧，我们也不能不视而不见。但有一点我可以肯定：和拒绝建设性变革的社会相比，开放性社会必将很好地改善她的生活，因为后者的创新速度与生产力水平将大幅提高。

价值创造是创新和破坏带来的积极影响。它会改善人们的生活，进而推进整个社会的福利水平。一个成功的企业应善于提供更多、更有效的产品和服务，譬如通过网络将价格更低的书籍直接送到客户手里，而不是让客户到小书店去花更多的钱得到同样的产品。成功的企业不会迫使读者到它的独立书店购买书籍，但以此带来的绝非良性利润，而是有损社会整体福利的恶性利润。

良性利润源于对客户需求的响应。客户当然更愿意通过网络书店和购物软件付款买书，然后坐在家里静等收货，或是去大卖场购物之时顺便购买几本自己喜欢的图书。

同样，响应客户需求也是企业应该承担的社会责任。尽管曾红极一时的黑莓（Blackberry）手机始终保持着优越的通讯能力，但最终还是丧失了盈利能力，因为它提供的应用程序太少，以至于难以像 iPhone 那样与互联网对接。此类例子不一而足，如传统大型钢铁厂输给了加工废钢材（而非铁矿石）的迷你炼钢厂，服务站败给了便利店。这些案例的共同之处在于，客户的福利都得到了改善。

每当亏损企业受到政府补贴或其他政治手段保护时（比如前文所述的法国书籍运输政策），就是对资源的低效甚至无效利用。企业的亏损表明，消费者认为以其他方式利用这些资源时更有利于价值创造。

然而，对资源的浪费则会严重侵蚀社会福祉，这种情况在我们的社会中屡见不鲜。人为地为企业提供扶植必然有损于消费者利益，并最终损伤企业利益。原因很简单：变化不可避免，无法规避。被剥夺了对自然变革的体验的企业，往往会遭遇更严酷的危机和更艰难的调整。在底特律，很多人对此体会颇深。在一个不能与时俱进的企业工作的员工，很快就会失业。

在开发 MBM 时，我从不认同那些将让民众终生贫困、无依、无助的思想家和社会。相反，MBM 的灵感源自哲学家、经济学家和心理学家的智慧，因为他们更愿意面对现实，遵从理性，接受随时降临的危机与恐惧，并与之相伴相随，在“崩塌的土地”上前行。

以经济自由为创新和破坏的条件

自由的经济制度可以带来普适性的福利和机遇。任何组织都是一个微型社会，因此只要合理运用，MBM 也可以带来同样的积极效应。即使没有绝佳的自然资源可供利用，自由社会依旧可以创造价值与福利。例如，香港和新加坡并没有丰富的自然资源，但它们的国民生活水平却位居世界前列。诚然，香港和新加坡的社会和政治自由程度还达不到新西兰或瑞士的水平，但它们却能提供远非其他国家或地区所能媲美的经济自由度，这给它们带来很多千载难逢的机遇。

“世界经济自由指数”由菲莎研究所（Fraser Institute）发布，在计算该指数所参考的因素中，它们尤其关注对国民决定工作、生产、消费和投资方式产生影响的因素。这些因素包括产权、贸易自由度、货币汇率的稳定性以及具有负面效应的监管制度。

更高的经济自由度意味着更高的人均收入、更长的人均寿命、更好的环境质量、更高的健康和教育水平、更低的腐败程度以及更高的生活水平。特别是穷人的生活水平。

实际研究之后，我们得出这样的结论：长期、普遍的福利更有可能出现在自由社会。同理，在非自由社会中，即使自然资源丰富，能实现繁荣的国家也少之又少，即便存在，也往往只是昙花一现。对那些无缘享受自由社会福祉的人来说，绝大多数人的生活或许都会像霍布斯所描述的那样，“贫困潦倒，肮脏无序，粗野低俗，匆匆如过客”。

与依赖于政府法令的非自由社会相比，在自愿性合作与竞争主导的自由社会中，企业显然能够创造出更多的社会福祉。

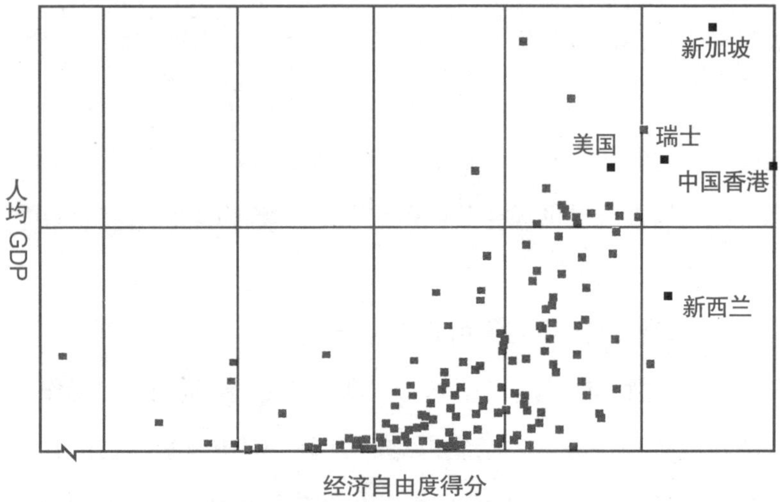

（菲莎研究所的“世界经济自由指数”：2014 年年报）

图 3.1　经济自由度与 GDP

在一个公正廉明、行为规范的社会环境中，要让自己成为受益者，我们就必须造福于他人。亚当·斯密在总结这个过程时写道："我们期望的晚餐并非源于屠夫、酿酒师和面包师的恩惠，而是他们关心自身利益的副产物。"

当代的字典和教科书经常将"自身利益"与"自私"或"自我关心"相混淆。法国政治思想家和历史学家亚历西斯·德·托克维尔（Alexis de Tocqueville）恰恰展现了对开明的自身利益的尊重。他认为，自我利益在 19 世纪美国经济中发挥了启蒙作用，人们造福他人的同时，给自己带来了利益："美国人……非常喜欢从正当的自身利益原则出发，解释他们的所有行为。他们洋洋得意地向世人展示，对开明自身利益的追求，如何促使他们相互扶持，相互促进。"

这并非是否应该有自身利益的问题，因为失去自身利益只能走向灭亡。相反，最关键的问题在于如何引导自身利益造福于公共利益。芝加哥大学著名法学家理查德·艾珀斯坦（Richard Epstein）曾写道："在资源稀缺的世界里，一个人如果没有强烈的自身利益意识，至少是对其家庭和朋友利益的维护意识，任何人都不可能生存下去。在与陌生人打交道上，这种自我利益可以体现为两种方式：一是侵略，二是合作。"

无论是在文明社会还是在企业中，只有建立制度，保证人们的权益不会被侵犯（暴力与欺诈），才有可能实现人与人之间的互惠互利。诺贝尔经济学奖获得者、亚利桑那大学经济学家弗农·史密斯（Vernon Smith）认为，这些“有益的交易原则”体现为“拥有权、经同意的转让以及承诺的履行”。这样的制度鼓励以经济方式创造利益，而非政治手段。以非经济方式创造价值的企业，就是在侵害社会的整体利益。

德国经济学家，同时也是一名社会学家的弗朗兹·奥本海默（Franz Oppenheimer）认为，侵略与合作是人们获取资源，满足其愿望获利的经济方法的“两种根本对立的方式”。追求利润的经济方式就是自愿用商品或服务换取他人的金钱。如果任何一方认为自己不会因为交换而受益，他就不会自愿进行这笔交易。因此，在一个自愿的交换（市场）体系中，只有造福于他人，你才有可能长期受益。

然而，获利的政治手法则是依赖暴力或欺诈手段，将商品、服务或金钱从一方强行转移到另一方。这种强制性手段可以是改变消费者选择的法律和规制，或是其他违背弗农·史密斯交换规则，并让那些违约者无需担责的方式。

当每个人的行为均以自身利益为出发点，并遵守有益的交易原则时，就是在以经济手段创造价值。这会造就一个不受政府摆布的和谐体系，也就是哈耶克所说的“自发秩序”。匈牙利出生的著名物理学家、化学家、哲学家迈克尔·波兰尼（Michael Polanyi）与其兄弟卡尔·泡波（Karl Popper）并称为20世纪最伟大的科学家。迈克尔在 20 世纪 40 年代发现，组织都有其固有的自发秩序，而且这种秩序有益于社会创造价值。

在贝尔格蒙的工会领导人眼里，波兰尼所说的自发秩序过于激进，根本不适合意大利。当时，“工人动手，管理者动脑”是一种典型的“命令—控制”式方法。长此以往，采取“命令—控制”管理模式的企业注定缺乏创新力和竞争力。这些企业当然难以生产出打工妹也能买得起的丝袜。相比之下，如果企业采取有益的激励和普遍接受的行为规范时去做这件事，就会容易很多。

亚当·斯密和哈耶克告诉我们，繁荣只能源于自发秩序，而这种秩序源于自发的人类行为，而非人为设计。斯密将此称为“看不见的手”，在合理的制度下，“看不见的手”引领人们实现“本意之外的目标”。哈耶克则指出：“知识不可能被集中起来，交给一个以刻意打造某种秩序为目的的权力机关。”

在《知识与决策》（*Knowledge And Decisions*）一书中，经济学家托马斯·索维尔（Thomas Sowell）写道：“当苏联的制钉厂按重量衡量其产出时，他们当然倾向于生产更大、更重的钉子。即便这些大钉子堆积在仓库货架上无人问津，而整个国家都急需小钉子。”换句话说，当政府试图框定人民的生活时，所有人（除掌权者之外）都会遭受损失。

然而，对于能让所有人受益的知识，如果每个人或企业都能以创新的方式自由地加以运用，那么，消费者就会成为最终的受益者，进而给企业带来良性利润。

只有源于人类行为的自发秩序，组织才能满足消费者真正的需求。通过价格及盈亏获取知识的自由社会原则，必将让组织受益。认识影响盈利和亏损的动因，组织才可以确定消费者真正需要的商品数量及类型。

这与科学界的组织方式如出一辙——在自由善用知识的基础上，否定业内已有的、最传统的假设，进行创新并发现新知识。同样，这种方式也为组织带来了巨大收益。波兰尼对此深有体会，他在 1962 年发表的论文《科学共和国》（*The Republic of Science*）中，对科学界与商界进行了比较：

> 科学界的组织方式与国家有很多相似之处，其运行规律服从于规制实物商品生产的经济原则。因此，尽管我想阐述的大多数观点对科学界而言只是常识性知识，但我相信，它必将帮助我们从全新的角度重新审视研究对象。这些得益于政治和经济理论的观点，又反过来为它们提供有价值的素材。

当然，科氏工业也曾受益于波兰尼在《科学共和国》中阐述的理论。（实际上，本书就采用了他所描述的方法。）我们之所以能为客户提供超一流的价值，就是因为我们始终在努力践行科学界的自由原则——不断分享新的知识和思维，对其进行检验，并实事求是地试验和调整，而不是不加辨别地服从已有理论与固有思维。

人们曾认为太阳围绕地球转，因为这符合当时的理论：万物均以地球为中心。毕竟，地球是我们人类生活的家园。因此，当时的人们就形成了一种先入为主的思维模式（Mental Model），错误地以为地球就是宇宙的中心。这种错误的思想严重阻碍了科学的发展，意大利物理学家伽利略因对其发出挑战而被软禁。

作为人类特有的智慧结构，思维模式是我们对周围世界形形色色的信息进行简化和组织的基础。它塑造并支撑着我们的思想、决策、意见、价值观和理念。谈及思维模式，路德维希·冯·米塞斯曾这样说：“它们是理性认识历史事件的必要前提。”

然而，佛教智慧警示我们，切莫因为相信某一事物的人数众多或是基于老师的权威，就对其信以为真。相反，要确定事物的真假好坏，就必须“在经过观察和分析之后，认为它符合逻辑，且有利于所有人的利益和诉求。”

我们思维模式的水平决定了我们在现实世界中的表现。经济世界也是如此，正因如此，科氏工业才投入大量的时间和精力，确保 MBM 下的思维模式与现实相符。如果企业行为建立在错误的思维模式之上，其最终命运注定是失败。因此，我们必须提醒自己，任何时候都不能以自己的主观信念或偏好做决定。

要判断企业是否采用基于现实的思维模式，是否在为客户提供真正有价值的服务，最可靠的标准，就是看它在公正的行为规则下的盈利。凭借清算资产以及压缩实现长期收益所需开支而创造的短期利润，终究只是昙花一现。（我们在 1979 年就有收购克莱斯勒房地产公司的一次机会，因为当时的克莱斯勒房地产公司虽然表面上一直盈利，但由于未能进行必要的投资，实际上已处于破产的边缘。）

每当我们的某项业务实现了长期盈利时，我们就有了一点信心，因为这意味着我们在帮助别人改善生活的过程中，实现了价值创造和高效利用资源的终极目标。在为客户创造价值的同时尽可能减少资源浪费，我们也就能将更多资源用于满足社会的其他需求。

一个企业家的资源不只是资本、原材料和能源。它还包括知识、劳动力、时间及其他输入。如果将这些资源转化为对客户更有价值的产品或服务，或是以更少或成本更低的资源提供相同的产品或服务，就相当于创造了更多价值。

比如，用莱卡取代普通弹性纤维生产布料就可以创造更多的价值。由于莱卡不易断线，因而相当于提高了布料生产者的效率。此外，莱卡也比普通纤维的使用时间更长，更耐拉伸。

我们总是习惯于盯着眼前的直接收益，譬如为客户提供更廉价的商品，但就长期而言，给整个社会带来的隐形收益同样不可低估。

在科氏工业旗下的企业中，有的企业将原油转化为燃料和沥青等产品，有的企业则将聚合物加工成生产地毯和服装的纤维。假如我们能以数量更少、成本更低的原材料生产这些产品，那么，其收益将体现在多个方面：一方面，由此节约的资源可用于满足其他需求；另一方面，在全社会得益于廉价产品的同时，科氏工业也收获了良性利润。随后，我们将这些利润又投资到新产品的开发中，同时还会雇用和奖励更多员工。

在一个维护产权、坚持有益的行为准则的自由市场中，通过自愿交换实现利润并不意味着交易的一方在剥削另一方。恰恰相反，良性利润是企业为社会做出的贡献合理评判。

正因如此，对持续亏损的企业应该进行重组，将它们出售给更合适的所有者，或是干脆关闭。如果一家企业必须借助政策补贴或是保护性法律才能生存或增加就业量，那么，它就不是在创造良性利润。我并不是想轻描淡写地描述失业的压力和恐惧，但如果让这些人进入更能创造价值的企业，每个人都将受益更多。

无论是社会、经济还是政治，都无时无刻不在变化之中。无论是企业、产品、方法还是个人技能，也都不断在更迭中提升。

在科氏工业，我们始终坚定不移地遵循接受变革、主动改进的企业哲学，通过勤奋工作，让科氏工业一次次跳出长期衰落的漩涡。相比之下，很多因循守旧、不思进取的企业则被毫不留情地卷入深不见底的衰落之中。

企业必须认识到，竞争手段不只限于价格和现有产品的产量。它们还要竭尽所能地以更高的效率，推出更多、更好的新产品。此外，企业还要不断完善自己的组织方式，只有这样，企业才能抢在对手之前实现创新，减少浪费。这也是 MBM 给科氏工业带来的优势，当然，这种模式也适用于你的企业。

熊彼特的观点值得我们牢记在心："真正有意义的并不是价格和产量的竞争，而是来自新商品、新技术、新的供给来源和新型组织。"

在科氏工业，我们谨记熊彼特的忠告。这恰恰可以说明，为什么我们对客户的贡献不限于更优质、更廉价的商品，以及我们为什么不间断地推出新产品，譬如英威达生产的 Raptor™ 尼龙管道，这种用于油田集油系统的管线可完全替代成本更高的钢铁及其他材质，不仅成本更低，更易于安装，而且具有更强的耐腐蚀性。

我们为什么要不断开发新技术？譬如生活工业化商品的生物流程。我们为什么要安排新的资源供给？譬如从成长期的鹰滩页岩区获取原油，送到附近的科珀斯克里斯蒂炼油厂（Corpus

Christi Complex）。我们为什么开发并不断完善 MBM，努力打造新型组织，并让它成为每个客户、分销商、雇员和社区的首选对象？

MBM 告诉我们，必须在公司的各个层面不断推行建设性变革，唯有如此，才能立于不败之地。为此，我们通过内部和外部的拓展以及并购等手段，不断寻求创新和破坏和新的发展机会。同样，我们还在不断剥离不能盈利或是对其他企业更有价值的业务和资产。我们坚信，必须要抢在竞争对手之前推行创新和破坏，否则，我们就会成为失败者，被逐出市场。

每个企业都要面对创新和破坏，但 MBM 可以让企业主动寻求创新和破坏，而不是被动地等待毁灭。科氏工业始终坚持基于现实的思维模式，强调关注客户，主动寻求创新，并最终让我们成为世界上最大、最成功的私人企业之一。

在过去的十年里，虽然我们的员工增加了超过 7 万人，但我们也经历过一些关闭和重组事件。这是我们为维持竞争力而采取的必要手段。任何事物都有其两面性：尽管在短期内会带来痛苦，但就长期而言，只要这些决定能创造更多价值，我们就可以雇用更多的员工。此外，对于受到停业或重组影响且品德端正的员工，我们会竭力将他们安排到科氏工业的其他岗位，如果确实不可行，我们也会向其他企业推荐这些员工。

即使是成功的企业也要倍加努力，不断进取。因为随着成功的到来，我们会变得自大，倾向于自我保护，并逐渐丧失创新力。这是人类的天性。克服成功比逆境更难。我曾在上一章里提到，在我年幼时，父亲就把这种观念留在了我的思想里——逆境是一种隐藏在痛苦表象下的赐福，也是最能磨砺我们性格的宝贵机会。

对于父亲的警示给我带来的启发，无论怎样形容都不为过。更重要的是，它至今仍指导着我对科氏工业发展策略的认识。我们不能告诉客户他应该看重什么，但我们可以建议用更好的方式满足他们的需求。

IBM 公司的投资始终以大型主机为核心，因此，它未能引领个人计算机和互联网的潮流。在其对手推动的创新和破坏大潮中，IBM 成为了受害者，与它同病相怜的还有曾发明数字摄影的柯达公司。

要让你的组织持续创造良性利润，你就只能不断探索、尊重并满足客户的需求，甚至要预见未来的客户需求。然而，在这条路上，你的脚下始终是不断崩塌的土地。但好消息是正如熊彼特所说：“如今，即便是打工妹也可以穿上此前只有王妃才能穿的丝袜。”

第 4 章

摆脱官僚与停滞的桎梏：引领自由的经济学概念

坚持原则的人可以成功地选择适合自己的方法，而忽视原则的人，即使找到了方法，也注定会遇到麻烦。

——拉尔夫·沃尔多·爱默生

20 世纪 80 年代初的一天，我坐在一家大型石油公司的副总裁办公室，倾听着他对公司弊病的抱怨：官僚作风、固步自封、裙带关系等。在我看来，他似乎身处噩梦之中。“那么，你还能在这里生存下去吗？”我问他。“只要一有机会，我就立刻辞职走人”，他透露了自己的想法。

听到他对现实的描述，我忍不住笑出了声——他自己的组织正停滞不前，但他却毫无办法，只好放弃。在成功的企业里，人们习惯于关注过去的成就，变得自大，自我保护，并逐渐丧失创新力。在这种充满官僚色彩的文化中，员工只能随波逐流，衰败因此而来。

在理特管理咨询公司工作的那段时间，我曾无数次体验企业中的自负与傲慢作风，因此，我绝不会容忍科氏工业因为沾染这样的风气而走向没落。从刚刚进入公司起，我就已经在考虑如何遏制这种不良风气，创造一种有助于实现社会长期繁荣的新氛围。

基于社会与组织间的相似性，我想着力强调机会成本、主观价值和比较优势等经济学概念。尽管它们是经济学院和商学院课堂上的常见概念，却极少被应用于学校本身或是大多数企业。无论什么场合，甚至包括科氏工业内部，人们在决策时往往也对这些基本经济概念置若罔闻。

有一天，我们的原油供给部门在研究应于何时出售部分原油库存。他们预测，石油价格将涨至成本之上，因此他们希望等一等再出手。我对他们的看法提出了质疑：决策不应受沉没成本（比如为购买存货而支付的价格）的影响，它只能建立在分析未来的基础上。对那些主张“等等再看”的人而言，要说服我，就唯有拿出证据证明石油价格有可能上涨，或者至少会维持不变。

沉没成本与机会成本

沉没成本（或称账面成本）是已经发生且不可收回的支出。

在考虑未来行动时，不应将其考虑在内，因为除了对纳税有影响之外，这些成本的“沉没”已成为既定事实。

任何行为的实际成本都是为从事这项活动而不得不放弃的其他选择的最高价值，即机会成本。这也是我始终鼓励员工在决策过程中使用的方法，而且我自己也一直在努力练习。

比如，在创作本书时，语法问题经常让我分心，以至于我不得不停下来，查阅一下我的创作宝典——《文体的因素》（*The Elements of Style*）。由于皇冠出版社有一批专业编辑处理这种事情，所以如果我另外花时间研究《文体的因素》，其机会成本就会极其高昂，因为我完全可以利用这部分时间去做我自己更擅长、更有价值的事情。在查阅《文体的因素》时，我实际上就是在放弃写作（当然，也就是在放弃为科氏工业做贡献）。

很多员工清楚机会成本的原理，但他们还是会犯这类错误。最重要的一个原因，就是他们缺乏恰当的激励。如果员工的回报仅依赖于短期的会计利润，而不考虑由此错失的长期利润，他们就会倾向于采取次优决策。为避免这种趋势，科氏工业在确定某个员工的激励性薪酬时，会将其错失的某个机会所对应的一部分潜在利润作为实际损失来看待。

在科氏工业，我们还敦促销售人员理解消费者的主观价值（Subiective Value），并据此对他们的营销方式做出调整。很多上市公司追求的是稳定、可预期的利润，而不是更多的（平均）、但波动性却很强的利润，因为稳定、可预期的利润更有可能抬高股价。由于我们和客户对主观价值的认同上肯定存在不同程度的差异，因此，我们可以在销售合同中吸收客户的价格波动风险，并让客户对我们的损失进行适当补偿，从而达成双赢的局面。

例如，某个购买乙烯的客户希望将毛利固定下来，以避免盈利的波动性，而我们的乙烯销售价格与客户利用乙烯所生产的塑料价格间必然会形成价格波动，我们可以心甘情愿地帮客户承担这部分差价，但作为交换，客户将为我们承担的风险提供合理的补偿。科氏工业向来不排斥这种双赢业务。

比较优势与竞争优势

运用另一个经济学概念——比较优势（Comparative Advantage），让我们对各个岗位的人员配置方法发生了重大的变化。这个概念的内涵在于，每个人、组织或国家都可以参与竞争，为市场提供商品或服务。尽管总有一些人、组织或国家提供这种商品或服务的效率更高，但任何个人、组织或国家都不应试图提供所有的商品或服务，即使它有能力做到。

我们不妨假设，一个极具天分的咨询师独立创办了自己的公司。他不仅可以为客户提供高质量的咨询服务，还是一个全能型的办公室管理大师。无论是会计、IT、数据库，还是安排旅行，他几乎样样精通。不管是雇用谁来帮他打理办公室事务，都不可能像他那样做得井井有条。除此之外，他在房屋清洁方面也无可挑剔，无论雇用谁帮他清理办公室，都不可能像他一样把办公室清扫得一尘不染。

既然如此，他自己承担起办公室管理和房屋清洁的工作，岂不是既高效又节约开支吗？一个节俭的人或许会出于本能地给出肯定的回答，但如果稍加计算，就会发现其实不然。如果雇用一名办公室经理，每周工作 40 个小时，这位的优秀咨询师需要向办公室经理支付 1 000 美元的周薪；而雇用一名房屋清洁工，每小时需要支付 20 美元，每周工作 10 小时。这样，如果由他自己兼职管理清洁办公室，每周可以节约 1 200 美元。

然而，即使这位咨询师管理和清洁办公室的效率是其他人的 2 倍，他每周也要拿出 25 小时的时间去做咨询以外的工作（20 小时用来处理办公室事务，5 小时用来打扫）。如果他的咨询服务收费标准为每小时 500 美元，那么这种安排就会产生 1.25 万美元（25 小时 ×500 美元/小时）的机会成本（即把这些用在管理和清洁办公室的时间，用作为客户提供咨询服务所能创造的收入），而如此耗时耗力的做法，每周只能为他省下 1 200 美元。显然，他的比较优势在于提供咨询服务，而不是管理或清洁办公室。

理解比较优势的概念显然有助于我们通过合理的劳动分工和贸易提高总体福利，因此，在设计岗位时，我们并不仅仅会思考每个人最强的能力是什么，也会考虑每个员工相对其他员工更擅长的技能。因为每个员工的能力和优势都是独特的，所以我们应该用比较优势理论持续评估每个员工的角色和职责。

比如，苏离开了科氏工业，她本是销售经理，却擅长经营战略；随后我们雇佣了不擅公司战略、却精于客户关系的派格做销售经理。如果我们不按派格的特长为她分配最适合的岗位，其业绩必将大打折扣。

也就是说，我们应该让派格做自己更擅长的工作，即处理客户关系。实际上，我们完全可以扩大派格在客户关系岗位上的职责范围，将战略规划工作转交给公司内精于此道的其他人。

在其他公司，进行人员调换时，继任者通常要承担与前任完全相同的职位和责任。至于新老人员在优势和缺陷方面的差异，公司根本就不予以考虑。在这样的环境下，自然无法实现比较优势的最优化匹配，不仅拉高了机会成本，还会对整个组织的绩效造成不良影响。

早在20世纪70年代，科氏工业的规模还很小的时候，我可以非正式地向整个领导层灌输这些经济学思想。在会议上，我会通过提问对领导层进行引导，比如“我们如何看待这件事的机会成本？”或是“我们的比较优势是什么？”此后，我们的生产效率和业绩开始逐步改善。

另一个最基本的概念是竞争优势——即一个企业比竞争对手创造有更多价值的能力，它不同于比较优势。当我们利用“决策框架”（Decision Making Framework）分析投资机会时，竞争优势就是这个模型中最关键的框架（见第 9 章）。

MBM 的缘起

随着科氏工业的不断成长，我们的知识库和人才库也变得越来越庞大，越来越分散。这意味着我只能向一小部分员工亲自教授这些概念。因此，随着科氏工业的发展壮大，尽管我们得益于这些概念的机会不断增加，但利用其创造价值的边际能力却在不断减小。我们需要以适当的方式，在更大的范围内传授这些理念，并将我们的思想和思维模式付诸实践。

因此，在 MBM 正式推广到整个科氏工业之前，我就已经在思考，如何将我们的价值观、经济学思维、哲学理念、心理学理论、思维模式以及我们此前提到的管理工具，融汇到一个完整的管理体系中。

直到 20 世纪 80 年代初，我才最终选择世界著名质量管理专家戴明（Deming）的管理理论作为这个体系的融合剂。它之所以对我极富吸引力，是因为戴明采用统计学方法改善了质量管理，并着重强调了公司的持续盈利。(正如我此前所言，我本人对随波逐流、见异思迁的员工极为反感。)

戴明于 1928 年获耶鲁大学物理学博士学位。1947 年，他被道格拉斯·麦克阿瑟将军带到日本，参与了日本在“二战”后的工业复兴，而戴明也凭借对重振日本企业而做出的突出贡献闻名于世。之所以能够取得如此成就，他创造的管理模式功不可没。

1960 年，为表彰戴明为日本工业复兴并重返世界经济舞台做出的贡献，裕仁天皇亲自向他颁发了“瑞宝章”。戴明强调一家公司需要持续的改善和创新，要不然就得面临灭绝。“你永远也无法离开这家医院”他这样告诫企业家们。戴明的管理方法为我们实现持续化改进带来了帮助，它也是 MBM 早期模型的一个重要参考。

在戴明的启发下，我们采用帕累托图、根源分析和统计过程控制等工具，更好地识别和解决问题，并以清晰而有意义的方式对我们的进步做出评价。有些工具确实给我们带来了帮助。但在此之间，另一个重要启示并非来自戴明，而是源于我们对俄克拉荷马州梅德福液化气厂的参观。

当我参观到配电车间时，发现车间里的电工把大把时间用于搞测评活动和制作图表（公司里的所有人都知道，我非常重视控制图的使用），而不是做自己的电气工作。让我恼火的是，我至此才听说，他们根本没把这项训练当成提高工作效率的工具，而是称作“为查尔斯制表”。在他们看来，这件事就是为我而做的，和他们自己无关。（员工对 CEO 的工作本来就有很多偏见。油田工人中甚至流传着一句笑话，“Koch”这四个字母就是“一定要让查尔斯高兴”的缩写。）

在梅德福，工人们关注的是脱离实际的图表制作，而不是脚踏实地地提高绩效，减少浪费。显然，许多员工以为我的目的仅仅是想得到图表或对生产活动的描述，而不是把它们当成提高效率的工具。令人遗憾的是，提高绩效、杜绝浪费没有成为大家关注的焦点，而测评活动和制作图表的形式本身却成为人们注意的核心。

最终，“为查尔斯制表”事件把我们对管理的思考和实践带到了一个更好的方向。通过此事，我们也逐渐意识到，我们不可能把自己的原则和思维模式，原封不动地移植到某个业已成型的管理体系中，即便是戴明理论这么好的模式也不例外。我们必须建立符合自身实际的模式，将我们的理论模型转换为解决问题的有效工具。

今天的科氏工业已成为一家包含众多业务、横跨若干行业的大型企业。我们决不浪费资源，尤其是我们最宝贵的人才资源。如果员工本可以通过更激进的改进，创造 1 000 万美元的价值，但现在却让他们置身于只能创造 10 万美元的渐进式改善，那么其中的机会成本就是我们不愿承受的损失。

也正因如此，我们终于以熊彼特的“创新和破坏”取代戴明的“持续改善”理论，作为我们的指导思想。创新和破坏更深刻，也更剧烈；而持续改善则得益于对即将被淘汰的部分进行缓慢的逐步改善。

创新和破坏本身就意味着以更有效的新方式，取代陈旧落伍的方式。这显然更适用于科氏，或是任何一家以价值和业绩增长最大化为目的的公司。

尽管戴明的理论并没有与我们的管理哲学最终结合，但它确实给我们带来了意想不到的收获。它促使我们在理论和实践基础上形成系统化的经营模式。如今，我们的五个维度相互依存，相互促进，构成了一个不可分割的整体；它们就像是构成一座房子的四壁和屋顶，远胜过孤零零的 5 块平板。

1990 年，在准备将科氏工业的管理系统分解为五个维度时，我第一次提出 MBM 的概念。我认为，它不仅能反映出市场原则的影响力，也体现了建立一体化管理哲学与实操系统的必要性。而我们面对的第一个问题，就是要找到或开发一种机制，让我们能在公司内部真正发挥市场经济的力量。

为此，我们专门成立了 MBM 开发小组。当然，成立这个小组的目的不是创造任何可供销售的产品或服务，而是为组织开发“以市场为基础”的工具。整个团队的任务就是研究组织如何把握产权、行为规范、价值、文化、愿景、衡量、激励、盈亏及价格的影响力。为此，我们甚至专门聘请学者开展理论培训，不过，这些努力似乎意义不大。

最初，对哪些人真正理解 MBM，或者说真正理解到底应该怎样做时，我走入了一个思维误区：我将纯粹的理论知识与实践能力混为一谈。换句话说，我们所组建的团队更善于纸上谈兵。

波兰尼认为，只有将某种事物为我所用，才算真正掌握这种事物，也就是说，将概念知识（Conceptual Knowledge）转化为个人知识（Personal Knowledge）。这和我在石油勘探业务中的所见所闻完全一致：谈起地质构成和石油资源的理论，有些人总是口若悬河，滔滔不绝，但他们却从未试过寻找石油。反过来讲，有些人虽然不擅长谈理论，却非常善于寻找石油。

波兰尼对个人知识和概念知识区别的阐述，推动了 MBM 的开发和实施过程。理论知识固然不可或缺，但理论本身还不足以产生实实在在的结果。只有经过长期正确而多次的实践，才有可能成功地运用新的思维模式，获取个人知识。之所以要经过正确而多次的实践，是因为熟能生巧也未必完美。实践还要沿着正确方向。

除此之外，我们当时所需要的也并不是更多基础理论的概念知识，而是有关“如何通过实践创造良性利润”的个人知识。

正如剑桥大学教授玛丽·比尔德（Mary Beard）所言："缺乏思考的行动会走向毁灭，但缺乏行动的思考也毫无用处。"

在MBM开发小组工作期间，概念不过是工人们用来给自己的行为找的保护伞，更有甚者，将概念变成他们满足自己欲望的借口。比如，某个工厂加工车间生产线上的工人，就可以用MBM提倡的"本地化知识"为理由，为他们忽略来自威奇塔总部的帮助开脱。

一个加工车间的操作员或许知道怎样才能在某个生产日实现加工线生产的最优化，但他了解其他企业乃至其他行业正在发生的改进吗？他或许知道怎样比其他人更有效地操作生产线，但他了解最新的最佳实践以及环境安全规则吗？克服不恰当的理论落实方法，才是发挥MBM价值的关键。

个人知识匮乏导致的另一个问题，就是将MBM当成刻板的教条规则去使用，这无疑是本末倒置——相当于拿着答案去找问题，而不是针对问题去探寻答案。要精确理解MBM的含义，并对MBM所包含的合理方法进行完整阐述，首先要强调其实用性和适应性。因此，学会识别并拒绝本末倒置的心理趋向（它也是官僚主义的标志）是另一个重要步骤。艾默生曾说："盲目听从就像是随波逐流的小妖怪，缺乏主见的政客、哲学家和传教者对它推崇备至。"

尽管我们现在更善于发现和抵御这种心理趋向，但我们依然不够完美，而且我们永远都不可能完美。我们努力贯彻最根本、最具普适性的原则与哲理，然后让人们自由地挑战具体方案。即便如此，按戴明的话说，“也没有一步登天的事情”。

一个组织要充分发挥 MBM 的力量，不仅要回避这种非生产性的心理趋向，还应持之以恒地培育有益的思维模式，并将这种模式消化吸收，加以运用。这就要求组织必需接受各种最困难、最痛苦的变革，归根究底，就是思维模式的变革。

要实现这种变革，就需要组织在合理有效的思维模式之上，持续而专注地建立新的思维习惯；而要建立这些新的习惯，则要依赖可持续的转型，就像一个健美运动员要重新训练成一个马拉松运动员。我了解这一点，因为我为此已经准备超过 50 年。

根深蒂固的习惯源于大脑中已经形成的特殊神经回路，因而极难消除和替代。这也是文化难以变革的根源所在。同样，它也容易导致企业停滞不前，员工容易陷入从众思维：因为最自然的心理趋向就是坚持最熟悉的思维模式和行为方式。要取得真正的成果，就必须重新塑造大脑中的神经回路。这种改变也是促进探索、激励创新并最终创造良性利润的关键。整个过程如下展开：

在研究某个特定领域时，我们就会积累越来越多的专业知识，如法则、实例、术语和关系等。当我们对这个领域的认识达到某个水平时，对细节的认识就会从量变引发质变，从而在整体上认识这个领域。

- 随后，我们开始看到规律，发掘事物的内在含义，并在出错时有所感应。即便有时我们无法用语言完整而清晰地表达这些认知。这就提高了我们感知问题和机遇的能力——不管是寻找新的技术或市场、面试候选人、筛选并购对象，还是其他为客户和公司创造价值的事情，都不例外。
- 当我们知道现实结果和潜在能力之间存在差距时，我们的发现过程实际上就已开始，只不过此时还处于朦胧状态。本能告诉我们，更美好的事物就在我们思维视野的边缘之处。为培养发现与探索精神，我们必须鼓励这种源于潜意识的追求，而不必理会其本源何在。
- 我们还要尝试用语言清晰表述我们的思考与假设，并在必要时积极寻求外界帮助，因为只有针对形象具体的假设，我们才可能对其提出质疑、进行检验和改进，直至我们认可其合理性和有效性为止。随后，我们再将这些通过初步考验的假设付诸实践，进行更全面、更深入的检验。

整个过程源于个人知识的建立，我们可以运用这些知识捕捉机会，或是解决问题。

为提高可信度，MBM 开发小组率先在几个方面进行了完善。譬如，大幅拓展记分卡的使用范围，让记分卡的衡量对象涵盖科氏工业的价值创造方式、价值创造源泉、针对资源使用及其指标与竞争对手的比较，以及是否有所改进和如何改进等。

所有这一切，都使得我们更全面地认识到从经济现实出发建立绩效指标的重要性。它还提醒我们，要正确地指导现实，我们就必须考核那些对业绩结果有影响的因素，而不是只着眼于易于考核的因素。正因如此，假如对一名员工的绩效评估只取决于他对当期利润的贡献，而不考虑他在长期盈利和企业文化方面的影响，那么我们就是在不恰当地鼓励错误的工作方向。

尽管 MBM 开发小组存续时间不长，但是在将 MBM 制度化并介绍给全体科氏工业员工的早期阶段中，它的成立显得尤为重要。今天，这个小组被我们的“MBM 顾问组”（MBM Capability）取而代之，只不过后者有着不同的愿景和使命——不断开发新的 MBM 工具，针对 MBM 的应用提供指导和咨询服务。这个团队由 40 多名成员组成，其中的很多人拥有丰富的商务实战经验，并取得过公认的成绩。

在 1995 年左右，我们再次取得突破，开发出“MBM 工具箱”（MBM Toolkit），其意图在于全面开发 MBM 的五个维度。我们将这种方法称为“问题解决流程”（Problem-Solving Process），我们发现,这种方法显著提高了员工把握机会、实现创新的能力。第 11 章将深入探讨这个问题。

成功接踵而来，原因很简单，因为它让所有人都认识到 MBM 的威力。很多人开始愿意接纳波兰尼所说的“转化的自我修正行为”(Self-modifying Act of Conversion)。实际上，这也是将新思维模式融入实践的必然要求。对我们而言，这意味着将 MBM 的五个维度运用于客户服务、车间运营或是办公室管理等方面，创造我们追求的结果。

在过去的 10 年里，我们应用 MBM 的效率不断提高。一个重要的原因就是我们已充分认识到，所有人都必须应用和推进 MBM 和企业文化，并将它们融入自己的团队。这不仅包括 MBM 顾问组，还包括每位领导者。MBM 顾问组的角色就是为他们提供支持和帮助。

这就意味着对我们每个领导者而言，一个最根本的要求就是，不仅要自己能理解和运用 MBM，还要在整个组织中推进和贯彻 MBM，而推进的起点当然就是他们的直接下属。事实证明，无论职位高低，只要领导者未能采取这些措施，他们的业绩就会落后。相反，如果领导者确实通过“转化的自我修正行为”理解并运用了 MBM，他所带领的部门必然会取得令人刮目相看的进步。

在随后的几章里，我们将会看到，当人们将 MBM 转化为名副其实的个人知识时，组织将会发生怎样的改变；相反，如果人们未能充分发挥 MBM 的优势，或仅仅是喊喊口号，组织又会如何发展。

第5章

在逆境中学习：MBM的运用与失败经验

逆境最见品德。

—— 弗朗西斯·培根

在读到“经验主义之父”、著名哲学家弗朗西斯·培根的这句话时，我再次想起了父亲写给我们的信中的一句话：“逆境是一种隐藏在痛苦表象下的赐福，也是最能磨砺我们性格的宝贵机会。”

在我看来，这句话的价值不亚于他留给我们的企业——尤其是科氏工业在 20 世纪 90 年代的经历，在那段时期，科氏工业极度糟糕的管理失败与违规事件，屡屡登上新闻媒体的头条。实际上，尽管科氏工业今日取得的成功有目共睹，但公司也曾遭遇过几次极端事件，我们对此难辞其咎。

对所有经历过这些灾难的人来说，如果能够从中总结教训，就能避免未来与之类似的灾难，此时，逆境有可能变成“隐藏在痛苦表象下的赐福”。当然，我的确感到了痛苦。过去的灾难已成为现实，尽管我无力改变，但我可以从这些失败中汲取教训，完善管理模式，并帮助他人避免重蹈我们的覆辙。

这些经历让我明白了一个道理：如果科氏工业因为过去的成功而自鸣得意，那么不仅创新和破坏会把我们赶出市场，还有可能给他人造成严重伤害。因此，我们必须让公司内部始终保持适度的紧张感，随时防止产生骄傲情绪。在科氏工业，任何人都不会把自己当成胜利者，所有人都需要以高度的责任感对重要事务给予关注。本章将探讨我们从这些灾难性失败中得来的教训，以及我们如何让其他人也从这些教训中受益，并对我们不断细化和完善 MBM 的应用提供指导。

莱弗里事件与“知识失败”

1996 年 8 月，发生了几起令人震惊的事故。在得克萨斯州的莱弗里，液态天然气管道泄漏导致了一场爆炸。在过去几年里，我也听到过一些关于工业事故的报道，有的甚至造成人员伤亡。尽管如此，莱弗里的这场事故还是让我难以接受。据我所知，自 1940 年创建科氏工业以来，这是第一次，也是唯一一次造成多名无辜旁观者被夺去生命的事故。

丹尼尔·斯莫尔利和贾森·斯通当时还不到 20 岁，他们在闻到天然气管道附近散发出的异味后，正准备乘车去报警。但就在此时，汽车打火时溅出的火星点燃了泄漏管道附近的天然气，大火瞬间汹涌而至，夺走了他们的生命。科氏工业虽然立即宣布对此事负责，但事故还是让人无法接受，毕竟两名无辜的少年因此丧生，给他们的家庭和社区造成了巨大的创伤。

那绝对是我在任期间最黑暗的日子。我也是一个父亲，而且还是一个祖父，如果这样的灾难发生在我的家人身上，我一定会崩溃。而作为一名工程师，保证人身安全和遵守法规是我的最高使命。事实上，我也始终把这项要求列为科氏工业员工的“第一任务”。因为我珍爱生命和生命的价值。

灾难和死亡对我来说并不陌生。作为我一生最亲密的兄弟——大卫就曾在 1991 年洛杉矶的一场飞机事故中险些丧命。当时，由于空管人员指挥失误，他乘坐的飞机降落在了另一架飞机上。大卫幸运地从机舱的熊熊大火中逃出，随后在重症监护室里住了两天。而与他同架飞机的乘客中，23 人因大火和毒烟失去了生命。

1959 年，我的一位朋友和他的女朋友拜访了我在波士顿的住宅，在离开仅仅几分钟之后，灾难便从天而降。当我把他从翻倒的汽车里拉出来时，他已严重失血。他的女朋友侥幸躲过了车祸，但他不到半小时便去世了。

科氏工业有很多员工是退伍军人，作为他们的老板，我经常听到他们谈论伤残和死亡——有些是因为车祸，有些则是因为战争。他们亲身经历和忍受的伤痛，让我感到震惊。

我之所以提到这些事故，是因为在美国工业企业中，每年发生的事故都会导致数以千计的人丧生，严重伤残者更是不计其数。在科氏工业，我们从不容忍这样的借口：在一个大规模工业企业中，严重伤残或死亡是不可避免的现实。正因如此，我们才始终致力于改善 MBM，在合理的前提下，最大限度地超越行业通行的安全规范，并坚持以此标准考核我们的管理者和员工。

莱弗里的悲剧带给我们的几个重要教训，也促使我们改进了安全防范措施。出现事故的管道已使用了 15 年，在 1992 年就因为存在腐蚀问题而被关闭。1995 年，在更换了全部被腐蚀的部件后，该管道再次投入使用，并通过了证明其安全性的水压测试。

然而，最终造成爆炸的原因是土壤中的细菌腐蚀了管道。实际上，细菌的腐蚀速度已远超过美国顶级专家的预期。（在法庭上，原告的专业证人不得不向加拿大方面求证这种具有高度腐蚀性的细菌的案例。）这种出现在得克萨斯的快速腐蚀现象完全让我们始料未及，并最终造成了此次灾难。

按照 MBM 术语，这是一种“知识失败”（Knowledge Failure）。

认识到这点，我们采用“MBM 指导原则”对问题根源进行了定位和分析，并与美国运输及安全事务委员会合作，在整个天然气管道行业普及这一知识。随后，科氏工业运用从这次事故中学到的知识，对运营流程进行调整，以避免此类悲剧再度发生。

不过，我们并不是将改进简单地写进员工手册或是发布到公司网站。相反，它们已成为 MBM 的内在组成部分，并普及到科氏工业的方方面面。此外，我们还投入研发资源，开发新的抗腐蚀技术，比如与莫仕公司合作开发腐蚀传感器，以及采用英威达公司研发的新型尼龙管道。

科珀斯克里斯蒂危机

遗憾的是，几乎同一时间，科氏工业在得克萨斯州的科珀斯克里斯蒂（Corpus Christi）炼油厂又经历了另一场危机。造成这场危机的首要原因，就是我们未能充分运用 MBM 中的“品德和才能”和“决策权”这两个维度。

当时，根据刚刚颁布的《清洁空气法案》，公司需要就科珀斯克里斯蒂炼油厂的废水排放情况提交报告。然而，在 1995 年春季，科氏石油公司（今天的弗林特—希尔斯资源公司）的一名员工却提交了一份错误的报告。这名担任环境工程师的员工并没有按要求提交指标，而是在报告中插入了凭空杜撰的数字。

他在报告中称，科珀斯克里斯蒂炼油厂完全符合新颁布的法案，但我们后来发现事实并非如此。

在发现这个错误后，我们马上开除了这名员工，并于1995年11月27日召开了一次会议，主动向外界承认我们提交给得克萨斯州环境保护署的文件有误。在这次会议上，我们公布了调查结果，并承诺在获得足够证据之后，重新公布我们违反《清洁空气法案》的详细情况。MBM的十项“指导原则”（见第7章）是我们一切行为的核心出发点，而前两条就是“诚实正直”和“遵守法规”。这名科氏员工的报告显然违反了这两项原则，所以我们决不允许这样的错误再次出现。

在随后的几次会议上，科氏石油公司提供了此前承诺的详细违规情况，主动提出接受与其他违规公司相同的罚款，并就1996年4月份的下一次报告如何撰写进行了讨论。

然而，原本应该由州政府以民事补偿方法解决的事件，最终却演变成惊动联邦政府的刑事案件，而这一事件也让科氏工业感受到美国司法制度的诸多缺陷。在某种程度上，这次经历促使我们重新考虑对有重罪指控的应聘者的求职，也就是说，我们不再不分青红皂白地一概否决。

在向得克萨斯州政府承认报告问题的4年后，华盛顿的美国司法部以违反《联邦环境法》和虚假陈述的罪名，对科氏石油公司及其4名员工提起诉讼。但是，导致这起民事案件演变成刑事案件的原因，完全源于司法部的错误认识，在他们看来，科氏石油在向得克萨斯州政府提交的报告中故意隐瞒了违法行为。当时我们坚信，大陪审团肯定会认为这一指控子虚乌有，毕竟早在 1995 年，我们就已经开诚布公地向州政府披露了全部违规事实。

在我们看来，科氏石油已经主动坦白了全部违规事实，而指控我们刻意欺骗执法者的说法从一开始就站不住脚。但是，在法庭签发起诉书并将案件提交审判之前，我们对此仍浑然不知，而事件的迅速发酵也验证了我们的猜疑：原来，司法部律师向大陪审团提交的文件并非原件，他所提交的文件中显示，科氏石油似有隐瞒事实的嫌疑。

原件总结了科氏石油在 1995 年 11 月与州政府进行的讨论情况，并最终得出如下结论：科氏石油已主动披露违规事实。“它们将展开进一步调查，并在 2 月初就违规事件的严重程度和延续时间，提交后续调查结论。”

然而，大陪审团拿到的这份文件却是与原件完全不同的另一个版本。新文件完全颠覆了原件的观点，几乎逐字逐句进行了修改，甚至连“违规事件的严重程度和延续时间”这句话也被有意删除。换句话说，大陪审团对科氏石油和 4 名无辜员工发起的指控，完全出于这份有意而为之的欺诈文件。

这一次经历，让我感受到司法制度可能给企业带来的伤害，当然，更恶劣的是对个别员工造成的打击，也让我越来越质疑司法体系和某些犯罪指控的合理性。不过，它也坚定了我们的信心：永远不要在法规问题上自以为是。

司法部的97项指控最终被减为7项。外部独立专家建议，科氏石油可以就其中1项犯罪指控认罪，并缴纳罚款。此外，这些专家还建议公司放弃支持受指控的4名员工，让他们独自面对司法部为自己辩护。与此同时，公司应将全部律师代理信息提交给政府，而这些资料很可能对这4名员工不利。但是，我们拒绝这么做，因为我们根本就不相信这4名受到指控的员工有任何过错。

如果我们真的采纳这些专家建议，那无疑是在践踏我们的“指导原则”。在案件审理过程中，政府居然向这4名员工施加压力，授意他们将科氏的几位高层拉下水。检方甚至传唤那位出具虚假报告的、已被解雇的员工做证人。

起诉过程中还采纳了另一位前科氏石油员工的证词。她是一名环境工程师，在辞职前曾被公司告知工作业绩太差，并得到警告，如无改进将被辞退。现在，她居然摇身一变成了“告密者”。她向州政府作证，我们随后提交的环境报告同样虚假。据她所说，在举报前的数月，她就已经担心被公司解雇，为此，她曾向起诉方的多位律师进行了咨询。

这位前科氏石油员工还告诉一位同事，在向州政府作证前，她就已经在谋划迫使公司解雇自己。在计划破产后，她为了获得失业补偿金，却在州政府面前歪曲事实。

这起事件同样值得我们反思。首先，也是最重要的，就是科氏石油没有遵循我们的“品德和才能”原则——在这名员工拒绝通过自身努力提高绩效的情况下，我们却没有立即解雇她。她的上司不仅没有做出坚决的决定，反而将她调到炼油厂的其他岗位，试图以此帮助她提高业绩。

此外，科珀斯克里斯蒂炼油厂处理这次违规事件的方式，也与 MBM 的“决策权”维度不一致。负责日常事务的人员参与违规事件的调查，而且同时与政府接洽违规事项。这本身就是一个错误。目前，科氏工业由非相关人员参与违规事件的调查，也就是说，调查人员不参与事件本身或是炼油厂的日常事务。

向政府提交假报告是重罪，因此，必须把调查和与监管机构沟通的任务交给有经验、有知识的人，而且最好是外部的专业人员。

就在听证会的前几周，政府公诉人最终在联邦法官面前服软了，因为科氏工业终于找到机会，对政府方面的关键性专家鉴证人提出质疑。这位来自美国环保局的调查员承认，“告密者”采集并作为科氏石油违法罪证的废水样本并不可信，样本与美国环保局的取样要求不符。

除科氏石油作为自愿性信息披露的一部分向得克萨斯州环

境机构提交的信息外，司法部没有为其指控提供其他任何证据。随即，针对科氏石油及其 4 名员工的所有指控均被撤销。

2001 年 4 月，科氏石油仅对一项新的指控认罪，即雇员在 1995 年发布的虚假报告。随后，政府要求这 4 名无辜员工签订一项协议，在承诺不对恶意指控行为提起诉讼的前提下，放弃对他们的全部指控。尽管这 4 名员工最终全部免责，但发生在他们身上的遭遇也让人难以接受。

那么，我们又如何利用这次不幸的遭遇，改善 MBM 在全公司范围内的运用情况呢？首先，我们采取了附加措施，确保公司的全部业务切实应用“品德和才能”维度。随后的第 7 章将会提到，在招聘新人时，我们加大了对价值观的考核权重，将价值观的重要性放到才能和经验之前。今天，一旦我们认为某个员工在诚实正直方面有问题，或是缺乏安全和合规意识，我们就会解雇他。

这也是每个层级、每位负责人的职责所在。如果某个领导者不能充分承担这份职责，他就不能继续担任这个职位。假如科珀斯克里斯蒂炼油厂当初以这种方式经营，也不会发生那样的事情。

在这次事件后，我们不得不面对现实：我们亟须改进公司内部和外部的操作模式。

10 000% 合规模式

实际上，数以万计的法律法规都可以用到我们的业务上。因此，考虑到 20 世纪 90 年代中期的遭遇，我们担心员工有意或无意地违反规则。基于这样的现实，我们建立了“10 000%”的合规模式，它随时提醒我们的员工，每个人都必须在 100% 的时间内，100% 地遵守法规。设计这种模式的目的，就是避免重蹈覆辙，让所有员工铭记在心：一旦出现他们不能 100% 确信的问题，就要停顿、思考、提问。

尽管我们可能永远都不会自封为胜利者，但值得欣慰的是，在过去的十几年时间里，科氏工业再没有受到任何指控或诉讼。让“10 000%”合规模式落到实处，首先要求管理链条中的每个人对自己的业绩负责——只要业绩不达标，即使不是他自己经手，也是失职。

此外，这些事故也促使我们开始思考，到底应该如何与政府打交道，以及是否应该把政府当作客户一样尊重。我们曾接待过不计其数的监管者，带他们参观科氏工业的日常生产经营过程。我们体会到，一定要像对待我们的客户那样，更好地了解并满足他们的需求。我们必须在思维模式中接受这样一个不容忽视的事实：在这个国家，没有政府的批准，我们的业务无法在这里运营。

我可以自豪地说，在发生这些事故后，美国国家环境保护局（简称美国环保局）已多次对科氏工业的环境绩效和管理水平表示认可，并对我们在处理监管机构关系上采取的方式给予“合作、高效”的高度评价。例如，科氏炼油厂加工单桶原油的排放物水平低于行业平均水平的31%。在2015年发布的《有毒物质排放清单》报告中，科氏工业被美国环保局评选为美国本土实施污染防控程序的最佳公司。这些进步当然归功于MBM。

对于这些从以往经历中汲取的教训，科氏工业不仅将它们应用到当前业务中，还将其用于评估潜在收购对象的尽职调查中。与此同时，这些经历也强化了MBM对“品德和才能”用人思想的强调，以保证我们的企业和领导者做到诚实正直、勇敢、遵守法规与彼此尊重。正因如此，科氏工业的高层领导经常与全球各地员工共同探讨守法经营的重要性。

或许是因为这些事故带来的教训，不管何时何地，只要发现问题（尤其是涉及安全、环境或合规问题），我们会立即用MBM解决问题。如果某项业务有可能不满足公司标准，那么我们就会放弃该业务。

任何沟通都不可能比面对面的交流更有效，因此，我们现在还让经历过科珀斯克里斯蒂和莱弗里事件的员工经常与新员工交流，让他们讲述历史、分享感受，而高层管理者也会向新员工讲述事故对他们及其家庭造成的痛苦。

熟悉历史的目的不仅是让员工了解事实，还要让他们感受那种情感创伤。这很重要，因为只有这样，才能让员工将经验和教训铭记在心，帮助他们理解我们如此强调“10 000%”遵守法规的原因。在发生事故后，不管事情大小，我们都会采取这种方法，以确保所有员工引以为戒。

不过，如果不提一下科氏在 20 世纪 90 年代经历的第 3 起官司，还无法阐明我们的遭遇。在我看来，这件事既非出于“品德和才能”，也不出于“决策权”，而是源于股东的一次争论。

“盗窃”风波

1989 年，俄克拉荷马联邦法院以涉嫌违反《虚假申报法案》对科氏工业提起诉讼。这场风波源于大卫的双胞胎兄弟，也就是我的弟弟比尔。做为科氏集团的前股东，比尔在 20 世纪 80 年代就曾屡次掀起官司，但均未成功。这场官司的核心，围绕着科氏石油在 1975—1988 年对联邦及印第安领地上的油田纯度测量方法而展开。

那段时期，科氏石油公司凭借其高质量的客户服务，逐渐成为美国最大的原油集输企业。考虑到油田的条件以及当时还不够精确的手工勘探测量方式，我们认为，科氏石油的测量技术至少不低于行业标准，而且在很多方面还要高很多。实际上，大量证据表明，科氏石油的测量精确度已接近99.5%，远高于业内平均水平。由于科氏石油的服务对象侧重于地处偏远，环境恶劣的独立炼油企业，因此，如此高的精确度自然会对其产生巨大的吸引力。毕竟，水垢、油中的气体、BS&W（储油设备中含矿物质的水及其他杂质形成的沉淀物）、油罐中的温差、油罐的变形以及其他一系列变量，都会影响测量精度，使准确度根本不可能达到100%。

由于科氏石油的账面原油销售量超过其采购量，因此，我们被控诉采取不正当手段获取原油，甚至被指责“盗窃”原油。没有一个客户起诉我们，也没有个人参与这场纠纷，而且也没有任何人在这场官司中做出不利于科氏石油的证词。实际上，有些客户甚至在审判过程中给我们作证，他们表示，假如担心我们的测量方法有问题，他们会提出质疑，并通过相互协调的方式解决所有纠纷。

在整个审理过程中，甚至连奥色治的印第安部落也发声支持我们，联邦土地管理局也没查出我们存在任何问题，调查结论是：在生产合理性方面未发现任何异样或不规范之处。

遗憾的是，有些心存怨念的离职员工却将矛头直指科氏石油，这些人绝大多数曾因盗窃或其他违反公司政策的行为而被开除。他们口口声声称他们曾参与“偷采”石油，但谈及证据时却含糊其辞。实际上，在科氏石油被起诉之前，他们根本未曾提及此事。科氏石油的全部石油都是正规采集，随后的审理过程中也始终未发现我们“偷盗”石油的任何证据。不过，俄克拉荷马北区法院陪审团表示，科氏石油的客户不能代表政府的意见，所以他们是否接受这种测量方法与案件无关。

由于主管石油租赁的专项规定由联邦政府制定，因此，法院裁决，尽管客户对此毫无异议，但关键在于科氏石油在申报表上列示的原油数量与现实销量不符。在经过一个多星期的衡量后，陪审团提出一份不利于科氏的裁定。直到 2001 年，此事才尘埃落定。

回过头来看，当我们用 MBM 模式重新解析这个案例时，发现科氏工业的股东在企业愿景上并未达成统一意见。这种因愿景冲突产生的分歧，最终导致股东们互不信任。1983 年，科氏工业又发生了一次股权收购，虽然这次收购暂时平息了冲突，但随后几年依旧官司不断。

缺乏有效的愿景或者愿景相互冲突，是很多伟大企业走向衰亡的根源。正因如此，如今我们每聘用一名员工，都是在寻找一个与公司愿景相符，为了更美好的未来共同努力的伙伴——在这个世界上，企业因人才而兴盛，因愿景一致而繁荣。

在下一章里，我们将阐述 MBM 的五个维度中的第一个维度——愿景，它是引导我们走上正确道路的明灯，也是我们运用其他四个维度的基础。

第6章

愿景：引导我们探索未知世界的明灯

无论你能做什么，或者梦想能做什么，着手开始吧。大胆就是天赋、能量和魔力的代名词。

——约翰·沃尔夫冈·冯·歌德

在刚过完 70 岁生日时，我第一次在媒体上看到“科氏兄弟”这个词。尽管我们有兄弟四人，但大多数人提到这个词的时候，都是在指大卫和我。1983 年，在弗雷德里克和比尔的股份被收购后，我和大卫两人也成为公司中唯一的“科氏兄弟”。

大卫夫妇带着三个孩子住在曼哈顿，他不仅高调赞助艺术馆，还是纽约乃至美国多家顶级医院和癌症研究中心的捐助者。因此，在芭芭拉·沃尔特斯主持的电视专栏节目中，大卫被评选为 2014 年度“十大最有魅力的人”也在大多数人的意料之中。

大卫的选择也凸显了我们生活方式上的差异。

他选择的方式趣味横生，而我的生活方式似乎有些单调乏味。不在办公室的时候，我要么研究一下人类行为学，要么到地下室的健身房锻炼身体，分析高尔夫球的24步挥杆要领。有时，我也会到厨房享受利兹的暖心美餐，或者琢磨一番蹒跚学步的几个小孙子到底在说些什么。（最小的查理居然叫我Poppy，这可比媒体对我的称呼友善得多。他是跟利兹学的，在我成为爷爷之前，利兹一直这样叫我。）

尽管我和大卫生活方式迥异，而且爱好天差地别（大卫喜欢芭蕾舞，我喜欢橄榄球），但我们合伙打理这个企业已近半个世纪，就是因为我们对科氏工业有着共同的愿景：创新、成长，并通过不断的再投资，用我们的核心能力实现企业长期价值的最大化。

合伙人的共同愿景

短期利润当然重要，但不足以给企业带来长期成功。每个企业都必须牢记熊彼特所说的资本主义基本角色——创新和破坏的永恒风暴。要取得长期成功，企业就必须持之以恒地创新，始终领先于竞争对手。大卫和我都很清楚，必须让创新和破坏成为科氏工业愿景中不可或缺的因素。这也是我们与其他很多企业最根本的差别。

我们对长期性盈利的追求，因为马歇尔家族的参与而得到强化，他们是科氏工业最重要的股东。霍华德·马歇尔二世和他的儿子皮尔斯以及皮尔斯的遗孀伊丽安，始终是我们最坚强的后盾，即便在我们的愿景遭遇危机时，他们也从未动摇。

马歇尔一家始终支持大卫和我对科氏工业的设想：维持不低于 12% 的年均增长率。按照这种设想，我们的盈利将每 6 年增长一倍。这种设想有非常关键的调节作用：如果只是想维持稳定的收益（为维护股价，某些上市公司必须做到这一点），我们的未来就不会那么光明。因此，科氏工业对复合性（有些人称之为宇宙间最强大的力量）成长的强调，构成了我们与其他企业在愿景上的差异。

要在 6 年里实现收入翻倍，这就要求我们不断提高对 MBM 的运用能力，更全面、更充分地发挥其作用；不断引进和培养适用于大型、复杂企业的人才；继续维持非上市的状态……只有这样，才能保证我们始终着眼于长期发展；不断创造新的机会，实现 90% 收益的再投资，以追求更高的回报；确保每个岗位的每个员工都做到诚实正直和遵守法规。（这两个原则也是下一章中各项 MBM 指导原则的出发点和基础。）

不管哪个企业，要以这样的速度创造良性利润，首先要建立正确的企业愿景，当然，还需要正确的价值观。而正确愿景和价值观的起点，就是拥有正确的合作伙伴（即那些与你有着相同愿景与价值观的人)。也就是说，如果你和你的合作伙伴没有共同的愿景和价值观，那么你最好立刻结束这场“婚姻”。因此，我建议你们决定合作之前，签订一份商业“婚前协议书”。

被紧紧套牢在充满敌意的合伙企业中无法脱身，那无异于一场痛苦无比的梦魇。最好的结局也不过是在无所事事中让企业走向衰亡。我们就曾经创办过一家合资公司，每次董事会议上，股东之间都因意见不一致而争论得面红耳赤，因而得不到任何有效决议。幸运的是，我们的合资协议约定了“离婚程序”，因为很早之前我们就已经意识到，一定要避免没有退出机制的合作。

如果合伙人与你有相同的愿景和价值观，并依据他们的比较优势为企业发展做贡献，这种合作关系就有可能成为实现超强价值创造力的载体。如第 3 章所述，我们之所以会选择收购克莱斯勒房地产公司，就是为了与威奇塔著名创业家乔治·阿布拉（George Ablah）建立合作关系。我们对购买并升级不良房地产企业有着共同的愿景，而且又有着相同的价值观，最终让我们之间的合作非常成功。

创造一个有效的愿景是 MBM 的第一个维度，也是实现良性利润并最终实现长期成功的基础。原因很简单：如果我们不知道自己应该创造怎样的企业，也不知道该如何为其他人创造价值，当然也就无从知道我们需要怎样的人才、知识流程、决策权和激励（不管怎样的愿景，创造良性利润所求的品德亘古不变）。愿景是其他四个维度的基础。

设定目标

有些人将利润看成邪恶之物，因为利润意味着贪婪；也有人认为利润源自对客户的“剥削”或者欺骗。对他们来说，所有利润都与善为敌。美国社会学家托马斯·索维尔（Thomas Sowell）对这种说法给予了回击，他写道：“对缺乏经济学知识的人来说，如果某家公司赚到了 100 万美元的利润，就意味着其产品的销售额比成本多出了 100 万美元。然而，他们永远也不会想到，如果没有盈利动机的有效激励，这些产品的成本或许会是几百万美元。”

我们完全可以说，持有这种观点的人很少能以造福他人为目的实现长期盈利。如果他们有过这种经历，就会像我一样珍惜和崇尚良性利润。那时，他们会发现，在一个名副其实的自由社会里，人和企业都可以通过服务他人而使自己受益。

亚当·斯密在《国富论》中写道：“消费是生产的唯一终点和目的。厂商利益的实现，应以提高客户的利益为前提。”

消费是实现科氏工业愿景的原动力。指导我们行为的航标灯，就是亚当·斯密所倡导的精神——对客户的尊重。这个客户“消费”的可能是汽油、食品、纸制品、书籍、生物技术，也可能是信息技术，企业的唯一目标，就是满足客户的需要，为之服务。

如果企业不仅了解客户现在需要什么，还知道他们未来需要什么，那么，它的工作就简单多了。事实上，如果客户知道他们现在和以后需要什么，那么厂商的工作同样会轻松很多。

然而，没人知道客户到底要什么。当企业没有将新产品或新服务介绍给客户之前，客户甚至根本就没有意识到，自己需要的就是这种新产品或新服务，或是他们已经对旧产品或旧服务感到厌烦。因此，建立一种适用于开放式消费者需求的企业愿景，是实现长期成功的关键。

20 世纪 70 年代，当大型信息技术用户被问及他们在未来会使用怎样的计算机时，70% 的人会说 IBM 的主机。他们根本就不会想到未来可以将一套只有 500 美元的个人计算机连接到互联网上，更不用说智能电话和笔记本电脑了。正是因为过分依赖于“主机统治论”，IBM 才未能及时进入个人计算机领域，即便此后涉足这一领域，也未能取得成功。

哈耶克曾说：“解决经济问题就是一场游历未知世界的旅程，在这个过程中，去寻找更有效的新方法。经济问题源于不可预见的变化，它需要的是适应能力。”

哈耶克很清楚，未来世界充满了未知的与不可知的因素，因此，我们永远也不可能准确地预见到到底哪一笔投资会赚钱。为了从组织内部推动创新和破坏，我们必须通过大量精心策划、有理有据的试验，确定哪些新产品、流程、方法、组织形式和业务会取得成功。

在选择业务方向时，科氏工业考虑的是如何获得长期的良性利润。这是我们建立愿景的基础，如果企业不能为他人创造价值，就不可能生存下去（除非靠强制和欺骗去牟取不正当利益）。历史一再告诉我们，具有持续盈利能力的组织，必然能为社会创造价值。因此，不能为社会创造价值的企业，唯一的归宿就是灭亡。从 1917 年第一批《福布斯》100 强企业中消失的 93 家公司，已经证明了这一点。

我猜想，企业愿景的缺陷，或许可以在一定程度上说明这些企业衰亡的原因。这些公司或许不知道如何从长计议，如何为社会创造卓越价值。因此，随着时间的流逝，它们对社会的贡献也在不断减少，直至灭亡。科氏工业由此得出一条结论：要成为一个经久不衰的成功企业，我们就必须建立一个能指导我们不断为客户和社会创造价值的愿景。

重要的是人，而非事

科氏工业的愿景之所以不同于大多数公司，是因为我们强调的是价值创造和人。读者或许会注意到，在科氏工业的愿景声明中，我们根本就没有提及任何产品或行业。相反，我们始终强调的都是通过履行企业职责而造福于人。科氏工业的愿景告诉我们：要培育和应用的具体能力，并在此过程中为社会和他人创造福利。

在一个真正自由的经济社会中，企业要想长期发展，就必须建立和发展这种为客户、社会和自己创造可持续、卓越价值的能力。只有这样，企业才能不断激发客户、供应商及合作伙伴的活力，并吸引和留住他们。

无论是客户、供应商还是合作伙伴，我们当然希望科氏工业成为他们的首选。如果不是，那只能说明我们的对手为他们创造了更多的价值，我们的成功自然也无从谈起。

建立一个清晰的愿景，也是吸引最优秀人才的关键。了解一个企业追求的目标，以及如何创造价值，换句话说，它的愿景是什么，不仅有利于员工关注企业发展目标，并将其作为第一要旨，还可以帮助他们培养和发现成就感。

拥有共同的愿景，则是指导每个员工建立自己的角色、责任和要求（RR&Es）的基础。正因如此，建立正确的企业愿景、帮助员工将其融入自己的思维和行动，并与时俱进地更新和调整这个愿景，对员工和领导者都至关重要。

2013 年，我们对科氏工业的愿景进行了更新，更准确地反映了企业继续发展所需要的策略：

> 企业在社会中的角色，是通过提供最具价值的产品和服务，帮助人们提高生活水平，并确保在此过程中减少资源消耗。只要企业通过经济手段做到这一点，其利润即可衡量其对社会创造的价值。创新和破坏是市场的本质规律，因此企业不仅需要不断改善其为客户和社会创造的价值，而且要比竞争对手更快速地做到这一点。
>
> 因此，为继续取得成功，我们的愿景是比我们的竞争对手更快和更高效地改善我们为客户创造的价值。这使我们能够获得资本回报和投资机会，以实现长期增长率达到平均每 6 年盈利翻倍的目标。这需要我们大幅加快 MBM® 的应用，在人才招聘和发展方面更具前瞻性，保持私人公司的状态以及继续将 90% 的盈利用于再投资，同时遵守法规及诚实正直地处理所有事务。

要实现这些目标，我们就必须提升资本回报率，加大力度发现和捕捉投资机会。而我们的投资重点，就是通过利用现有能力或增加新的能力，把握那些能实现价值创造与收益贡献最大化，以及创造新型利润增长平台的机会。

这就是科氏工业的愿景。无论何等规模或是何种类型的公司，都应该努力为自己打造出一个独一无二的愿景，并推广这个愿景。

从纸巾到“物联网”

建立愿景必须经历几个步骤。第一步是就“组织如何为客户和社会创造卓越价值并从中受益”形成一个观点，而愿景则是对组织“如何规划价值创造”做出的描述。

科氏工业之所以能为客户与社会创造卓越价值，是因为我们具有某些卓越能力，包括商务、运营、人才、创新、贸易心态及公共关系。而作为一种综合能力，MBM 是实现科氏愿景的关键力量。当然，其他业务也都有自己的特殊能力，理解这些能力的含义及如何创造卓越价值，是建立有效愿景的关键。

任何一个追求良性利润的组织，首先应该进行客观的自我评价——自己的优势在哪里，能在哪些方面让对手甘拜下风。随后，它需要明确如何改进原有能力，并获取新的能力，做到与时俱进，包括与其他拥有超强互补能力的组织建立合作关系。比如，通过与 20 个组织结成联盟，英威达提高了生物化学工艺的研发进度。

最后，组织应以愿景为指导，寻找其他机会，并将所有能力融为一体，创造卓越价值。

在这种强调能力的愿景中，核心就是“有原则的企业家精神”，他们必须拥抱创新和破坏。为了最大化地实现长期收益的增长，企业需要维持较高的再投资率，以发挥“复合增长”的巨大威力。以上所有因素构成了科氏工业与众不同的企业愿景。也正是这些因素，促使斯特林·瓦纳和我放弃了将集油业务局限在南俄克拉荷马州的想法，转而打造整个北美地区最大的原油集输企业。从此之后，这些因素成了科氏工业愿景的基石。

因为科氏工业多年以来获取并开发了大量新能力，所以要精确预见未来会将这些能力运用到哪个领域，完全是不现实的。因为未来是未知的，也是不可知的，因此，一个企业的愿景也必须是开放的，它必须在根本上拥抱创新和破坏。

从我们自身的经验来看，当一家企业将着眼点放在能力而非行业时，往往能更好地服务社会并从中受益。比如石油行业，一个成功的勘探企业为什么还要在炼油和营销方面出类拔萃？尽管它们属于一个行业的不同层面，但石油勘探所需要的能力显然不同于其他环节。

如果原材料唾手可得，那么公司就没必要控制上游供应。如若不然，公司就必须控制上游供应，至少控制某个地域的供给源，以获得成本或质量优势。

由此说来，尽管炼油业务对我们至关重要，但我们还是认为，没有必要独立生产原油，无须为我们的炼油厂提供原材料，也不必建立自己的加油站为我们的产品提供销售渠道。相反，我们建立了贸易、配送和运输方面的能力。

科氏工业之所以涉足一些石油勘探业务，是为了利用自己的贸易思维，根据市场变化情况（见附录C）不断调整投资策略，成功地将其打造为一项独立业务。

对于未来发展方向的不可预见性以及愿景在其中的指导意义，一个很有说服力的例子就是收购GP（即乔治亚—太平洋公司），这次收购开启了另一条创新之路。我们从纸巾起步，逐步探索如何利用人、设备和材料之间低成本的无限关联性——即物联网——在制造及办公两个方面创造价值。

其实不难想象，未来的卫生间会是这样：用传感器监测高峰时段的使用次数，从而完成环境清洁、模块改装，以及自动填装卫生纸、毛巾和香皂。这项技术不仅有助于提高卫生间的清洁度，降低运营成本，而且可以改善GP与办公楼业主之间的沟通效果。

那么，我们又是如何想到这个设计思路的呢？早在科氏工业收购GP之前，GP推出的enMotion牌纸巾盒就已经实现了自动出纸，以避免人们在公共卫生间接触细菌。不过在大力推广该系列产品的同时，GP一直尽力维护其核心的纸产品业务。

在创新和破坏精神的指导下，科氏为GP建立了新的愿景——鼓励公司围绕纸巾盒业务，通过多样化试验性探索，增加产品类型和层次。创新成果从新型设计的壁橱、残留物更少且具有静音效果的纸巾到香皂盒，以及对现有 enMotion 产品的免费升级和替换。此外，GP 还推出了价格更低的 SofPull 系列纸巾盒。2005—2009 年，由最初 enMotion 业务带来的纸制品销售额增加了 1 倍。

但是到了 2009 年，GP 的销售额因熊彼特的“永恒风暴”理论而陷入停滞。此时，要维持竞争力，就不能将创新仅局限于产品范畴。它还需要新的技术、新的供给来源和新的组织。

于是，我们开始考虑如何通过传感器而不只是纸巾产品帮助人们改善生活质量。在细菌肆意滋生的卫生间，人们当然不愿意用湿漉漉的手去接触纸巾盒的把手。那么，传感器技术又如何给客户带来新的价值呢？

从以人为本的思想出发，GP 开始了令人振奋的探索之旅：为纸巾盒配备无线传感功能。这项功能可提醒医务工作者在接触他人（尤其是患者）之前洗手，在减少患者之间的传染方面能够发挥重要作用。

尽管自 2009 年开始，由最初 enMotion 纸巾盒带来的纸制品销售额有所下降，但持续的创新却推动了企业的整体发展，总销售额增长率高出市场平均水平 10 倍有余。目前，在公共卫生间的干手器市场中，非接触式电子干手器的份额超过 15%，而 GP 占领了这个细分市场的 50%。

此外，作为科氏工业的第二大收购案的莫仕公司，同样也关注“物联网”的发展。作为一家有着创新传统的电子产品制造商，莫仕正在开发用于写字楼的数字天花板——将LED照明与集成式传感器装置融为一体，采用CAT5以太网电缆与互联网连接，在大幅降低客户安装成本的同时，还可以通过自动监控使用情况调节电压。既减少了能耗，又实现了个性化设计，使产品更好地满足用户需求。

莫仕还率先开发了新型传感器，并将其应用于整个科氏集团。2015年，莫仕与弗林特—希尔斯资源公司旗下的科珀斯克里斯蒂炼油厂及英威达的得克萨斯州维多利亚工厂合作，致力于以新型传感器改善工艺流程。

这两家公司开发新传感技术的目的，在于识别管道及容器中可能存在的泄露源，避免事故发生，从而提高安全性和防护性。此外，传感器还可用于监测震动，预测设备失灵，防止疏水阀发生故障，测量加工区的危险气体，以及对工艺流程的参数实施控制，这些功能不仅提高了设备的可靠性，也提高了工作场所和社会的安全性。

将新型传感器技术与莫仕在其他电子产品上的能力相结合，使得科氏工业获得提高安全性、削减成本，并为他人创造价值的机会，这在很大程度上归功于我们的新愿景：让我们的员工捕捉每一个为客户创造价值的机会。

资源优化

玩儿命开—直到瘫痪—修理，你或许不会这样开车，然而在20世纪90年代中期，弗林特—希尔斯资源公司就是这样做的。在它的运营理念中，最重要的是实现日产量的最大化，而非长期价值的最大化。操作工人不分昼夜、拼命地运行设备，直到某些环节彻底瘫痪，操作工才关闭生产线，等待机械工维修。

无论是操作工还是机械工，他们的回报在很大程度上依赖于短期利润，这意味着他们根本不重视长期因素。然而，着眼于长远的思维却是“有原则的企业家精神”最关键的层面，也是科氏工业最根本、最与众不同的之处。

为实现造福他人并节约资源的愿景，所有员工都必须像讲究原则的雇主那样，学会从长计议。如果资源消耗的价值超过其所创造产品的价值，那么我们就不是在为社会创造价值。而如果我们不能以最有效的方式利用资源，就相当于在浪费资源，同样也是在破坏价值。

如果把“有原则的企业家精神”比作一枚银币，一面就是为客户创造价值，另一面则是节约资源，包括资本、能源、劳动力、技能、知识产权和时间等。节约的资源可以用来满足社会的其他需求。因此，最大化地为客户创造价值和节省资源，始终是我们追求的目标。

20 世纪 90 年代末，弗林特—希尔斯资源公司陷入财务和安全危机。公司领导层及时做出反应，深入分析了“有原则的企业家精神”，并得出结论：必须建立一种共同愿景，将操作人员与维修人员融为一体，以高度的可靠性和积极有效的维修，实现更安全、更具可预见性的操作。

这个新愿景以所有权为基础建立了新的工作制度，其中包括成为“被选择的经营者”这一理想——如果某个社区只允许设立一家加工厂，那我们就是当之无愧的选择。

通过这次愿景调整，弗林特—希尔斯资源公司发生了惊人的变化。由意外事件给松湾炼油厂带来的损失减少了一半以上。从此，松湾和科珀斯克里斯蒂两家炼油厂在环境、健康与安全、可靠性和财务等方面成了行业标杆。科氏工业的其他企业也与“卓越运营能力”（Operations Excellence Capability）小组合作，通过这种模式取得了良好效果。

节能是科氏工业在最近几年取得明显进步的另一个方面。2009 年之前，“科氏能源团队”（Koch Energy Team）尚未组建，这种重要的资源此前仅被当成“做生意的成本”，被放在维修和人力资源等其他运营成本之后。

在研究能源相关标准及最佳实践方式后，能源团队发现，某些不属于科氏集团的公司反倒在这些方面进展更大。在减少资源消耗这一愿景的引导下，该团队充分调动内部及外部知识，开发出一个能源改进模型和一系列最佳实践指南。

能源改进模型由 4 部分组成：

- 节能考核工具；
- 与现场工作相结合的节能项目和节能观念；
- 考虑节能效果的年度能源最佳实践评估；
- 促进知识共享的能源会议。

在 GP 公司位于佐治亚州布伦斯维克的纤维工厂，员工使用每日记分卡跟踪锅炉的燃料使用情况。随后，他们发现了一个通过改变锅炉运行方式以削减成本和节省燃料的机会。电力部门、锅炉制造企业与管理层之间的知识共享，最终每年为 GP 公司节省了 70% 的燃料，削减成本 160 万美元。

在过去的 4 年里，我们已经发现并利用这样的机会，每年为公司节约了超过 2 亿美元的能源成本。在整个科氏工业内部，各个企业均在资源节约方面取得重大创新。

这样做不仅让公司在安全和环境方面达到极高水准，还满足了日趋苛刻的环境要求，得到了社会的普遍认可，并通过新的建造方法缓解了熟练技术工人紧缺的影响。在科氏工业旗下的所有公司中，这种以愿景为动力的绩效改进比比皆是。

比如，能源解决方案公司（Koch Ag and Energy Solutions）

与科氏农业新开发的产品大大提高了农作物的养分吸收效率，从而实现了产量的大幅增加。

据估计，喷洒在田地的氮肥有40%无法被植物所吸收，但配合使用禾谷泰（Agrotain）等新产品，氮肥的损失量可以减少到10%以下。科氏农业始终致力于提高农作物产量，减少化肥对环境的副作用，并节约宝贵的资源。

科氏工业的子公司格利奇（Glitsch）生产分馏塔内组件。如今已经采用了更安全、更高效的机器人焊接技术。针对北美地区大量新增原油供给的加工、运输及贸易，弗林特—希尔斯资源公司也采取了创新手段。得益于莫仕杰出的全球运营能力，科氏工业人力资源部针对全球人才招聘及薪酬体系开发了更有效的方法。这些改进显示，科氏工业减少资源消耗的愿景已应用于全部业务。

在节约能源的愿景下，资本使用同样需要力求节俭和优化，这就要求我们将资本配置到效用最大、收益最高的用途上。这不仅适用于我们的业务，也适用于流动资产。

在当前人为的低利率市场环境下，我们的理念就是将多余的流动资产投资于低风险金融工具。在这种新环境下，为保证不断增长的流动资产取得可观的回报，我们的业务开发、财务和养老金管理部门通过努力研究，开发出了结构更复杂、收益率更高的投资方案。

比如，我们对美国礼品公司（American Greetings）等进行了非参与性小股权投资，并拓展了中间市场的借贷业务。这些新策略之所以取得成功，是因为我们及时发现客户的特定需求，并据此设计出双赢的交易模式。

尤其是在当前环境下，科氏工业通过流动资产投资赚取利润，我们的投资对象则获得比其他金融工具更优惠的融资，这显然是一种双赢的结果。我们始终致力于提供快速高效、清晰明确、充满信心、积极有效的交易机会，并最终达成令交易双方互利共赢的合作关系。

此外，资本优化利用还要求我们建立正确的业务及资产组合，并在合理的时机，通过合理的方式出售这些业务和资产。总而言之，当买方愿意支付的价格超过所有者对该资产的估值时，这种资产就应出售。实际上，当所有者的创新能力跟不上行业变化时，就会出现这种情况。

比如在中国，聚酯（涤纶）工厂短时间内的大量建成，形成了巨大的创新潮，大大降低了新建工厂的建设成本，提高了工厂的运营效率。

2010 年，英威达将旗下的聚酯工厂转让给泰国聚酯行业巨头因多拉玛公司（Indorama Ventures Public Co. Ltd.）。因为英威达认为，因多拉玛公司在全球拥有大规模的聚酯生产企业，而且这项业务更适合该公司的全球整合及创新战略。

相比之下，作为行业领先的技术许可企业，英威达绩效技术公司（INVISTA Performance Technologies，简称 IPT）则受益于中国的经济增长与技术创新，因为它帮助 IPT 将特许业务延伸到全球弹性纤维和尼龙技术领域。

科氏工业珍惜能给我们带来核心能力或利润增长平台的资产，因此，我们很少出售此类资产。20 世纪 90 年代，在得克萨斯州南部的原油产量下降时，我们开始考虑出售科珀斯克里斯蒂的原油集采业务。很幸运，我们最终留下了其中的主要资产，因为正是凭借这些优质资产，当鹰滩页岩区的原油产量大增时，我们才能适时出手，占得先机。

当然，所有企业都想通过销售业务实现价值最大化。要做到这一点，首先要认真思考，一笔资产或是业务为什么会为别人创造更多价值。在潜在买家看来，这笔资产或业务的退化速度或许没有卖家想得那么极端；或者他们看到能和他们的互补业务产生协同效果；又或者可能具备卖家所没有的某种能力。简而言之，对同一笔资产或业务，交易双方所持观点各不相同。

观　点

一个有效的愿景，必须以一个组织的最优知识（Best Knowledge）为基础。在科氏工业，这个基础就是我们对现有及潜在能力最充分、最合理的理解。所谓的最优知识，不但涉及客户及其看重的价值，竞争对手及其战略，还包括影响行业趋势的所有变化。为了充分利用这些知识，领导者必须在组织内外部寻求这些知识，并建立一种有助于充分利用一切最优知识的企业文化。

在收购 GP 之前，我们对 GP 的纸浆业务、英威达的品牌消费品业务以及从其他林业和消费品企业收集的知识，已经达到了最优知识的标准。

实际上，我们之所以能以可接受的价格收购 GP 的全部业务，是因为我们做足了调查，并充分认识到此时的 GP 正处于领导权过渡阶段，而且 GP 在后互联网泡沫时代遭遇了信用紧张期，科氏工业是当时唯一的投标人。

在选择最有吸引力的投资机会时，最重要的环节就是形成与目标行业客观情境相应的“观点”。既然未来不确定也不可知，那么这项工作本身就充满不确定性。毕竟，如果企业单靠公式就能确定未来，创业活动将毫无价值。

不过，尽管未来不可知，但却可以设想和构思。正如路德维希·冯·米塞斯所言：“生存并创造利润的创业活动，恰恰源于大多数人未曾想到的创意。给你带来利润的预见，不是因为考虑周到，而是因为你的预见比其他人更准确。超额回报只属于那些与众不同者，因为他们绝不会被多数人的观点所误导。”

当然，超凡的预见力本身不足以带来回报。创业者还需要信念、勇气，以及循着自己的感觉追求理想的能力。科氏工业曾背离市场大势，投资数十亿美元改善和扩大炼油业务，并在行业低迷期收购已破产的 Farmland 公司，这些都证明了我们超凡的预见力。现在，我们已经实现了当初的理想。

尽管拥有优于竞争对手的观点始终是我们获取成功的驱动力，但我们还有巨大的完善空间。不计其数的例子告诉我们，如果拥有更好的观点，我们就可以规避巨额损失，创造更可观的利润。

本章前面提到的聚酯纤维价格暴跌就是一个典型案例，而更具说服力的例子则是 2008 年房地产泡沫引发的经济危机。这场危机影响深远，而且持续时间较长。美联储货币政策不力，与“两房”（房利美和房地美）及贷款监管机构行为不当，是造成这场危机的罪魁祸首。如果我们能更好地预见 2008 年天然气价格暴跌的程度，那我们会获益更多，也会导致我们加大力度拓展化肥和化工方面的业务。

考虑到科氏工业的业务多元化，我们的愿景必须具有广度。某些公司拥有的能力比科氏工业更加专业，尤其是一些小企业，它们的愿景自然更加具体(相当于科氏工业某个分公司的愿景)。因此，公司愿景的广度应与其能力相匹配。

另一方面，一个公司的愿景同样需要足够具体，以指导其具体的经营战略、决策方式、资源配置以及对员工角色、职责和要求的设定。此外，每一个愿景都要有足够的启发性，以拓宽全体领导者和员工的思维。

建立有效的愿景，首先需要一个方向性正确的观点。显然，没有系统、广泛的全球性研究，就不可能形成这种观点。正因如此，我们不仅要研究一个企业或行业的历史，还要了解当前技术水平及其未来发展趋势、竞争对手、客户、相关法律、产业结构，以及这些因素的变化方式。这不仅包括我们正在参与的产业，也包括正在考虑进入的行业。

随后，我们应该分析价值链和成本结构，对这些产品的未来需求、行业参与者的竞争态势以及其他相关因素和趋势进行深入分析。此外，我们还要了解相关产业，认识其细分领域的未来驱动因素和盈利水平。即便如此，我们也要意识到，市场充满着不确定性，无论多么完美的观点，也只能做到方向性正确。无论是在收购 GP 和莫仕之前，还是英威达在上海设立大型尼龙生产基地之前，我们都事先进行了充分研究。

考虑到观点需要随环境变化而调整，我们对最佳机会以及如何把握这些机会的认识也在不断变化。基于这样的分析，科氏旗下的每家企业都根据自身实际情况制定愿景，明确其创造卓越价值的方式，但归根究底，这些愿景必须以科氏工业的愿景为基础，并与之保持一致。

要实现盈利平均每6年翻1倍的目标，需要我们不断提高收益率，增强创造和把握高盈利投资机会的能力。后者要求我们随着规模的扩大不断放宽眼界。我们需要以创新追求进步，进行回报率更高的投资，打造成长新平台。

只要建立以认知自身能力为基础的愿景，并努力增强为客户创造价值的能力，所有企业都能够实现利润增长。这要求我们追求并践行创新和破坏的文化，比如，莫仕产品的寿命周期只有2～3年。

创新是企业的生命线，企业必须为此投入巨大的人力和财力。英特尔（Intel）创始人戈登·摩尔（Gordon Moore）极有预见性地认为，半导体的性能每隔18个月就会提升1倍。这就是一种极致的创新和破坏，也是导致90%技术性创新企业失败的根源。今天更是如此。如果没有建立创新文化，企业灭亡的日子也就不远了。

危机四伏的商业世界

建立愿景的过程同样适用于企业当前所处的行业，以及未来准备涉足的行业。发展机遇不仅存在于新兴产业，也存在于传统行业当中。正因如此，科氏工业才将这个愿景开发过程同时应用于产业的内部与外部。

建立愿景的基础，就是充分考虑这个具体的业务以及整个科氏工业所拥有的能力。对于科氏这样体量的公司来说，更难的环节是如何聚焦于那些有足够的潜力和发展空间的业务，从而对整个科氏集团的发展产生影响。

基于各自的愿景，科氏工业及旗下企业致力于制定和实施以长期价值最大化为目标的战略。当然，这要求我们能够分清轻重缓急。在一个复杂的大型企业中，确定事情的先后顺序和事情本身同样重要。

决定事情先后顺序时至少要依赖两套标准。第一套标准是维持生存而必须采取的行动，比如满足政府规定或客户提出的质量要求。第二套标准则取决于机会风险调整后，净现值[①]与资源消耗的对比。也就是说，我们不仅要关注资本回报率，还要考虑人才及其他资源的回报率。

因此，当我们面对两个风险调整后净现值分别为 1 亿美元和 2 000 万美元的投资机会时，如果二者的资本及其他资源回报率相同，那么，前者显然要优于后者。如果不采用这种方法，就有可能陷入“面面俱到”的陷阱，而每方面都不能做快、做好。

比如，如果我们正在考虑购买一座在环境、安全、健康和经营管理方面都较为欠缺的加工厂，那么，从科氏工业其他部

①一个项目预期实现的现金收入现值与实施该项计划的现金支出的差额。——译者注

门调入相关人才，或许就可以解决这个工厂的问题。但由于存在机会成本问题，我们还要考虑将人才放在最有价值的岗位上。因为真正的人才同样是一种稀缺资源，所以在投入使用之前，必须进行谨慎细致的评估。

在设定先后顺序时，最艰难的就是如何平衡短期优化策略与长期增长及创新战略之间的关系。企业往往在不经意间就减少了对长期战略的投入。要避免这种行为，就需要投入专用资源于成长和创新战略。毕竟，长期战略不会带来立竿见影的利润和成效，因此我们需要在实施长期战略的过程中采取适当的激励措施（见第 10 章）。

根据企业愿景设定先后顺序后，还需要为营销、销售、运营（自上而下分解到工厂层级）、采购、研发及支持（尤其是负责人才与文化的部门）等各部门设定具体的先后顺序，再根据最有利于实现企业愿景的原则为每个部门落实责任，以按照既定的先后顺序处理事务。通过这种方式，每名员工都能做到各司其职，为相应的结果负责。

要实现长期价值的最大化，还需要开展试验性探索活动，鼓励新技术、新战略和创新活动。既然是试验，就有可能失败。正如爱因斯坦所说：“从未犯过错误的人，意味着他从未尝试过任何新事物。”关键要认识到，我们是在试验，而且要确保试验能充分体现以现实为基础的愿景。

缺乏谨慎的试验曾让我们屡遭损失。1970—1990 年，我们曾在海运和农业方面损失惨重。究其原因，就是我们当初未能建立以现实为基础的愿景。我们没有意识到试验范围的宽泛程度和试验内容的复杂程度，未曾发觉自己不具备掌控试验的能力。有必要指出的是，虽然这两项业务目前盈利甚佳，但这完全是后来彻底改造的结果。

经历了这些不仅失控而且失败的试验，比如我们在 20 世纪 90 年代末“从天然气到面包酱”的转型，我们从中汲取教训，深刻反省，以自身现有的能力为出发点，建立了如今以创造价值为宗旨的愿景。

今天，科氏化肥的愿景是成为全球性的化肥企业，在全球范围内开展运营、营销、贸易和技术供给业务。这要归功于对 MBM 持续而严谨地应用。同样的方法也适用于科氏牧牛公司，它生产的红牛肉口感上佳，有益心脏，备受市场青睐。尽管科氏化肥公司和牧牛公司昔日都曾属于经营失败的科氏农业集团，但它们今天却非常成功。

我们深知，可持续的产品开发不仅源于高质量的研发投入，还需要有高水平的营销和制造团队寻找并发现机遇，以及将机遇化为现实的能力、原则、洞察、资源和企业文化。

不管你身处哪个行业，都需要将创新和一体化思维融入企业的每一项业务流程当中，从供应、制造到营销，概莫能外。

这个要求同样适用于人力资源部门、会计部门、法务部门，以及其他支持性部门。

我们的北极星

科氏工业的愿景让我们受益于两个层面：首先，作为一套根本原则，它指导着我们的一言一行，它就是引领我们前进的北极星；其次，它还是一种战略性指引。作为我们的北极星，科氏工业的愿景永恒不变。它不是我们梦想中的终点，但始终引领我们走在正确的方向上。

愿景体现了科氏工业最根本的原则，比如企业在社会中的角色以及我们的“MBM指导原则”。只有充分理解这些基本原则，我们才能向新员工或外部人员阐释和传播科氏工业的愿景。

作为一种战略性指南，愿景应该与时俱进。随着商业环境与我们能力的变化，以及我们对如何更有效地发现机遇和把握机遇的认知的升级，科氏工业的愿景也应不断调整和完善。

归根究底，要实现科氏工业的愿景，我们不仅需要承担自己的责任，还要引导其他企业践行“有原则的企业家精神”，激励它们以经济手段追求利润，从而造福于整个社会。

此外，通过教育和动员重要支持者，大力提倡以改善人类福祉为宗旨的市场性政策，我们将帮助人们改善生活，不断提供更多、更好的就业岗位，新的创业机会以及更安全的社区环境，鼓励人们和睦相处，互助互利。显然，这是所有人都渴望的愿景。每个企业都需要建立一套规范其行为的基本原则，也必须拥有为客户和社会创造价值的愿景。这也是良性利润的全部内涵。

第7章

品德与才能

一次成功倚仗天赋，一生成功倚仗品德。

—— 约翰·伍登

在 12 年里 10 次问鼎 NCAA[①] 篮球联赛总冠军，创造 88 场连胜纪录——这在 NCAA 的历史上堪称传奇。而这项传奇的缔造者，正是加州大学洛杉矶分校棕熊队的功勋教练约翰·伍登。

我认为，作为一名篮球教练，伍登对性格的强调与他以教练身份取得的出色成就之间拥有必然的联系。在最优秀的教练员看来，品德和才能同等重要。

在我的家乡球队——威奇塔州立大学震撼者

①National Collegiate Athletic Association，全国大学体育协会，由美国千百所大学院校加盟组成。其主要活动是每年举办的各种体育项目联赛，其中最受关注的是上半年的篮球联赛和下半年的橄榄球联赛。——译者注

队（Wichita State Shockers）的主教练格雷格·马绍尔（Gregg Marshall）身上，这一理论同样得到了完美印证。

为确保刚选拔上来的高中生具备应有的品德，马绍尔不仅要考察他们在大学校园内与同龄人相处的表现，更注重他们在日常生活中的一言一行。他会亲自到学生的家中拜访，并与他们的父母交谈。马绍尔告诉我，如果一个孩子在家里表现得傲慢自负，或者不尊重长辈，那么他就有足够理由认为，这个孩子不会很好地听从教练的调教，更难以融入球队。

威奇塔州立大学在体育界名不见经传，所以它对那些天赋异禀的球员和优秀的投手而言吸引力十分有限，毕竟，投身于拥有顶级球队的大学才是他们最好的选择。但马绍尔教练还是带领着震撼者队杀入了2012—2013赛季NCAA篮球联赛的四强，而且在进入2013—2014赛季初期保持全胜，一度被认为是新赛季最有“冠军相”的球队。至于球队何以取得如此佳绩，马绍尔在招募和执教球员方面始终坚持品德为先的做法，或许就是最好的解释。

当然，作为企业，科氏工业的招聘人员不可能造访求职者的家庭，但是在与求职者的初次会谈中，我们同样关注对方是否具备良好的品德和与企业兼容的价值观。更重要的是，这个关注点适用于每一位求职者，无论他们应聘何种岗位。

通过电话，我们的招聘人员可以向求职者询问一些开放式问题，例如针对曾就职企业的基本指导原则，求职者过去是怎样做的；随后，我们会了解求职者以往是如何应对困难的；在谈论他人的时候，他们是否保持着最基本的尊重；是否喜欢摆架子；以及是否敢于承认错误。

此外，当求职者来到公司进行现场面试时，招聘官还要关注他们在应聘环节以外的表现，比如与接待员、电梯里遇到的陌生人，或是餐厅工作人员的互动情况。通过面谈，我们可以对求职者的行为表现做出评估，确定他们与科氏的价值观是否一致。

面试流程通常由一系列独立的面试模块构成，通过每个模块，面试官需要对求职者是否具备某些特定的品质给出评价。按照科氏工业所提倡的指导原则，我们将这些品质归纳为如下几个方面：

- 诚实正直，遵守法规；
- 创造价值，有原则的企业家精神，关注客户；
- 善用知识，勇于改变；
- 谦虚为怀，彼此尊重；
- 拥有该角色要求的技能和知识。

每一名面试官都会着眼于一个关注领域并通过开放式问题

来识别应聘者展现我们所要求的特质的可能性。面试完成后，招聘人员、面试官和用人经理会展开一个挑战流程对话，以确保在做出聘用决定前分享了各自的看法。

通过这套招聘流程，我们可以更好地选择符合指导原则的求职者，找到能为公司长期效力，并创造高水平绩效的员工。

某些公司在招聘时，首先关注求职者是否具备岗位所必需的技能，然后才去关注他们的价值观是否与公司一致。然而在科氏工业，我们调换了这个关注顺序。也就是说，我们首先强调的是价值观。

在招聘环节，我们的目标是为每个岗位配备德才兼备的人才，但如果一定要在两者之间做出选择，我们会始终将品德置于才能之上。之所以这么做，是因为我们很清楚，和能力欠缺但品性纯良的人相比，有才无德的人或许会给企业带来更大的危害。

如果我们不慎犯了错误（当然，这也是人之常情），招聘了某个品行不端之人，那么我们更希望这个人在智力和工作热情方面也不要太好。因为最糟糕的员工就是精力十足的“恶魔式天才”。很多只重才能、不重品德的公司，都曾因此而惨遭厄运，看看安然、世通和巴林银行等大公司，都因为此类员工的贪婪、渎职或其他恶劣行径而走向没落。

我们的经验表明，当一个人拥有适当的价值观、理念和智力时，让他们学习掌握必要的技能和知识并不难。然而，考虑到我们对遵循“MBM 指导原则”的高度重视，要找到拥有必要技能的合格求职者并不容易。不过，改变一个人的价值取向要比改进他们的知识难得多。

我曾接受过一名毕业于常春藤盟校的纽约知名商业记者的采访。在谈到科氏工业和我们的员工时，她问我：“你的公司坐落在威奇塔，会不会难以吸引高层次的人才？”她这样说时并无冒犯之意，但她显然忽略了一个事实：科氏工业选址在内陆心脏地带，这本身是一笔财富而非缺陷。每个在农场长大的人，都应该知道价值观的含义和敬业的重要性。如果你自己决定在某个清晨睡懒觉，而不是起床完成挤牛奶的工作，那么你就不能推卸责任，掩盖这个错误。

很多公司青睐于常春藤盟校的求职者，但相对于哈佛大学的毕业生而言，科氏工业更愿意招聘来自威奇塔州或堪萨斯州的人。事实胜于雄辩：在科氏工业总裁这个位置上，我之后的 4 名继任者分别毕业于肯塔基州的莫瑞州立大学农学院、得克萨斯 A&M 大学、塔尔萨大学和堪萨斯州的恩波利亚州立大学。

每个组织都有自己独特的文化。如果这种文化的创建并非出于有意识、有目的的行动，那么它就有可能退化为个性崇拜，或者“随便怎么做都行”的糟糕环境。

不论好坏，任何一个组织的文化都取决于其成员的价值观、理念和行为，以及领导者制定的规则与激励制度，并最终体现在他们的具体行为中。科氏工业的核心价值观源于“MBM 指导原则”和“行为守则”，经验告诉我们，它是我们长期创造良性利润的关键所在。

MBM 需要一种兼具多种优秀品质的文化，好在这些品质往往都是可以被培养的（诚然，有些品质与生俱来，不可移植）。无论是方针与实践的评价，日常行为的衡量，还是制订用于指导个体行为的行为规范或是共同价值观，这些品质都是最基本的标准。需要强调的是，它们只是指导原则，而非具体指令。

将我们对员工的要求建立在基本原则而非具体指令的基础上，不仅有助于员工认识自身工作的重要性，也有利于鼓励他们自由思考和创新。不管我们的指令多么正确，体现的价值多么重要，我们发现当员工不假思索地听从这些指令时，实在收效甚微。

基于我所受的科学教育和长期以来对盲从命令的厌恶，我带着好奇与探索未知事物的想法踏入了商界。无论是社会还是组织，在基本行为准则指导下的集体通常比接受具体命令指挥的集体更高效。正如法国作家弗雷德里克·巴斯夏（Frédéric Bastiat）所言：“让法律受到尊重的最可靠手段，就是让法律值得尊敬。”把细节留给执行者，有助于鼓励他们承担责任，强化他们适应环境的能力。

波兰尼在《科学共和国》一文中写道："因此，科学观点的权威性在总体上强化了科学教学，因为它的唯一目的就是培育人们的反叛精神。"在商业世界，这就意味着制定标准（对科氏工业而言，这个标准就是我们的指导原则）。让人们自由地在这些标准的约束下探索新事物，是引领创新的基本路径。此外，使用科学证明法则（通过搜集证据，支持我们的观点；而后用同样的努力寻找反对我们观点的证据）也是创新的关键。所有杰出的科学家都谦虚且对知识诚实，而最适合他们探索科学世界的环境，必然是基于自由社会的原则而建立的。

如果不能做到谦虚为怀，我们的企业就会在创新和破坏面前土崩瓦解。我们永远不要将自己想象得无比庞大或是完美无瑕，那样的话，失败将是我们的唯一归宿。要充分发挥 MBM 的优势，所有员工都必须内化我们的核心价值观，并将这些价值观体现在自己的一言一行当中。

这些价值观被我们称之为"MBM 指导原则"，它源自三个不同领域。第一，是以自由社会为基础的框架，它带来创新与生产力的繁荣，而创新和生产力也让这个框架坚如磐石。第二，是哲学家和心理学家们的理论，如哈耶克、波兰尼和马斯洛，在他们描绘的行为规范中，对现实的强调令我茅塞顿开。第三，是源于我自己的生活经历，与形形色色的人士交往，让我感受颇深。我曾有幸接触到很多拥有高尚价值观的人，最重要的当属我父亲和斯特林·瓦纳。当然，在价值观这个问题上，还有很多人值得一提：在百年谷，和我同住在一个营房的贝特鲁特·鲍勃；在奎因，那些对我本来只需稍做努力应付即可，却全力以赴通过数学考试而感到费解的同学们；那些许下财富诺言但却只带来破产，让无数美国人为他们承担痛苦的商界领袖们；那些曾发誓消除贫困却让贫困成为常态的美国政治家们。

我当然不是理想价值观的完美模范。还记得吧，在买电影票时，我曾试图挤到混乱无序的购票队伍前抢先购票；在麻省理工学院读书时曾碌碌无为地消磨时光，以至于父亲威胁我不再提供学费。没有人生来就拥有正确的价值观，我也不例外。我也一直在学习，努力掌握商业成功所需要的基本原则，以及如何传播和运用这些原则的方法。每个企业、每个岗位的人，都只能不断通过学习和强化实现良性利润所需要的价值观。

每一年，与我工作最紧密的同事都要对我进行一次考评，在科氏工业，每个人每年都要经历这样的考评。我要知道应如何提高自己对企业的贡献，然后我也会收取到很多有效的建议。

践行“指导原则”

维护和强化科氏工业最优秀的企业文化，需要包括 CEO 在内的每位员工内化“MBM 指导原则”。

从实践角度出发，我们将这些原则归纳如下。

MBM 指导原则（MBM Guiding Principles）

诚实正直 (Integrity)

遵守法规（Compliance）

创造价值 (Value Creation)

有原则的企业家精神 (Principled Entrepreneurship™)

关注客户 (Customer Focus)

善用知识 (Knowledge)

勇于改变 (Change)

谦虚为怀 (Humility)

彼此尊重 (Respect)

实现自我 (Fulfillment)

1. **诚实正直**。我们的企业由讲求道德的人所构成。引用约翰·亚当的话："这不为别人，只为自己。"这也是科氏工业的基本原则。对 MBM 而言，正直的重要性无需言表。以诚实正直的方式处理所有事务，是我们的首要原则，因为它是相互信任的基础，也是我们与员工、客户、供应商、合作伙伴、社区和政府等利益相关人员建立互信互利关系的基础。

不妨设想，如果所有人都完全诚实正直地行事，言出必行，从不做任何他们不愿意曝光到外界的事，那这个企业的效益会如何？原本需要花费在实施控制、签订合同、提起诉讼和维护安全上的全部时间与金钱，以及无穷无尽的交易成本，都将大大减少。

在科氏工业，诚实正直的含义就是严格坚持指导原则和行为守则所要求的道德标准。它需要勇气，因为按我们的原则行事必然带来不安和畏惧，尤其是在需要对传统思维发起挑战时。但如果我们迫于压力而放弃，这些原则又有什么意义？

2. 遵守法规。这一条的重要性仅次于诚实正直。这也是我们的“10 000%”目标所强调的核心：100% 的员工必须在 100% 的时间内遵守法律和法规。事实上，哪怕只有一名员工偶尔犯一个错，也有可能给社会、公司和同事造成难以修复的伤害。关于这一点，我们已深有体会。

公司制定原则与规范具有双重目的：一是确保所有员工都能遵守法规——这是他们别无选择的；二是确保他们的行为有助于企业实现长期成功。任何一方面出现负面迹象，他们就应该停顿、思考、提问。

2011 年的经历就是一个极佳例证。当时，GP 公司旗下的石膏业务负责人注意到，在石膏墙板市场上，很多竞争对手向客户发出完全不同以往的报价，妄图实现价格垄断。

于是，石膏业务的管理团队与 GP 公司的法务部门合作，确保 GP 自己的定价活动清晰独立，并保证价格发布方式不至于被误解为违反反垄断法。

果然，州检察官办公室很快便对石膏墙板的定价展开调查，但此时，GP 可以提供充分证据证明自己不涉嫌价格垄断罪名。不出意料，市场方面对美国石膏墙板业的诉讼随之而来。最初，GP 公司也被列在被告之列，但在向原告方出示了证明自己完全未参与过任何触犯反垄断法行为的大量证据后，最终免于处罚。

正是 GP 对指导原则（尤其是“诚实正直”和“遵守法规”）的严格遵守，让科氏工业避免了这场可能造成巨大损失的官司，也使我们的声誉没有遭受任何损害。

全体员工都必须明确其职位要求并把控风险，对那些以前长期将遵守法规流于形式的员工来说，这一点尤其重要。要做到遵守法规，需要所有人各尽其责，尤其是管理层，“我不知道”绝对不能成为借口。

3. 创造价值。如第 6 章所述，我们的愿景就是为客户、社会和公司创造长期、有经济意义的价值。在这些服务对象中，客户始终居于首位。因为没有客户，企业就无法生存。创造“有经济意义”的价值，则要求我们的行为必须有益于我们的社区及社会中的其他人。践行 MBM 有助于员工更好地决策、追求卓越的安全和环境表现、杜绝浪费、优化及创新——所有这一切都有利于创造价值。

遵守这些原则已经超越了遵守法规的要求。对我们来说，对人的保护是最为重要的。尽管轻微的工伤或环境问题也不可接受，并应努力规避，但假如说到最重要的一件事情，那就是消除一切灾难性事件的发生风险，尤其是危及生命的风险。预防严重伤亡（即便是未遂事故，但如果环境条件略微改变有可能导致死亡风险）是我们工作的重中之重。

有些人认为，环保和盈利相互矛盾。但如果以“MBM 指导原则”的视角审视这个问题，事情就会变得清晰明了：环保和利润相辅相成、唇齿相依。按照创新和破坏的要求，我们不仅要以更有效的方式为客户创造价值，还要以更合理的方式杜绝浪费，最大程度减少为创造长期价值而消耗的资源。

价值创造在科氏工业旗下的约翰·辛克·海威燃烧公司（John Zink Hamworthy Combustion）体现得尤为突出。该公司设计的燃烧系统用于回收工业燃烧阶段产生的烟气，并使之转化为燃料，为公司创造了丰厚利润。这项工艺从根本上消除了对明火的需要，显著减少了影响空气质量的排放物，降低了成本消耗。由此可见，创新和破坏要求我们建立一种以创新和企业家精神为导向的组织文化，这也是下一条原则的内涵。

4. 有原则的企业家精神。作为科氏工业的企业文化核心，这项原则已成为我们的标志，我们也为其注册了商标。它的定义是："通过使用较少资源为我们的客户创造出色的价值，以最大化长期盈利，并时刻做到遵守法规和诚实正直。"其中，为社会创造价值，需要的就是"有原则的企业家精神"，而不是企业福利、欺诈等政治或其他形式的企业家精神。

我们要求员工以公司的风险管理理念为准绳，运用判断力、责任心、主动性和紧迫感，以及经济学知识和严谨的思维能力，做出最大贡献（这一点随后会详细阐述）。

- 判断力就是形成观念、对不同方案进行评估并通过鉴别和比较选择最终行动方案。
- 责任心包含两个重要方面：首先，甄别错误、选择正确；其次，承担自身行为和义务及其责任。所有员工都必须对其个人行为和结果负责。
- 主动性意味着在无外部要求的情况下，积极地思考和行动，并提出新观点或新方法。
- 经济学的思维能力源于我们所提倡的理论概念（如机会成本和比较优势等）及实践工具的学习，并将它们付诸实践，创造成果。通过这种思维能力，我们得以识别并组织重要的事物及因素，最终确定最佳行动方案。
- 严谨的思维能力要求我们透过表象，预测潜在的二级甚至三级效应。它是实现创新的必要条件。

- 紧迫感是我们要先于竞争对手实现创新的必要因素。要做到这一点，就需要我们消除不创造价值的步骤和活动，在考虑机会成本的前提下合理利用时间和费用。

最后，员工的决定必须反映企业（而非个人）的风险理念。把控风险的所有方法都应体现风险偏好（一个人接受或规避风险的内在倾向）和风险承受度（一个人可接受的风险程度）两个因素。

一般而言，企业要面对更多的财务投资，掌控的资源也会更多。因此，公司的风险理念必定与员工个人的风险理念大不相同。要维持企业的成功并实现持续成长，员工就必须在遵守法规和盈利的前提下，承担更大的财务风险。

面对一个成功率为 90%，但回报仅为 10 万美元的投资机会和一个成功率为 50%，但回报可达 100 万美元的投资机会，员工应如何选择？当然是后者，因为按风险调整后的利润看，前者可能给公司带来的利润仅为 9 万美元（10 × 90%），而后者却有 50 万美元（100 × 50%）。要维持更高的盈利水平，我们就需要员工克服风险逆反心理，避免采取高概率而低回报的行动。

5. 关注客户。与客户及供应商建立长久稳定的关系，始终是我们三方取得成功的关键因素。这种关系是建立在一致的愿景、价值观、激励理念以及互相赢得的信任基础之上的双赢关系。

和英格兰乔治六世国王一样，斯特林·瓦纳说话时也经常口吃（但他们的相同点仅此而已）。斯特林出生在得克萨斯州兰杰市的一个帐篷里，他没有读完大学，曾经牵着骡子运送油田设备。由于口吃，他听得多，说得少。或许正因如此，斯特林和很多口齿伶俐的人一样擅长建立客户关系。要创造良性利润，我们不仅要理解还要预见客户的价值取向，以及他们的期望、标准、动机、需求、备选方案和决策过程。

斯特林处理客户关系的杰出能力，对于科氏工业成为客户优选供应商贡献巨大。实际上，只要与客户建立起相互信任的关系，并深入了解他们的言行举止，预见他们的需求，任何人都能做到这一点。

如上一章所述，对客户已形成的需求偏好做出反应固然重要，但这还远远不够。如果仅仅基于现在的可选方案，而并不知道未来会产生怎样的新选项，试问客户怎么知道以后他们想要什么呢？

起初的移动电话用户就无法预见到，将来的某一天他们还需要一种能发送短信或是能帮他们找到5个街区内最棒的比萨店的设备——但移动电话开发商预见到了这一点。

6. 善用知识。努力探索和运用最佳知识，主动地分享知识，鼓励并欢迎挑战。评估指标应能够指导行动，创造知识，并引领更为优化的决策、创新和有利的行动。

在科氏工业，我们以这条原则衡量每一个评估指标，努力开发并使用有助于我们进步的关键性的少数指标。我们鼓励员工在公司内外积极探索，寻找有价值知识的最佳来源，而非满足于现有途径。设想一下，弗林特—希尔斯及英威达的工厂如何受益于莫仕开发的传感器技术，而莫仕又如何从 GP 提供的关于传感器市场的知识中获益呢？

对于这种跨公司的知识分享，我们始终不遗余力地鼓励和支持。而对每个人来说，建立鼓励挑战的企业文化则异常重要，它既需要接纳来自诸多领域的不同观点与专长，还需要畅所欲言、敢于否定的勇气。所有进步和福祉都源自知识的发展和运用，因此，我们将在下一章里充分探讨善用知识的原则。

7. **勇于改变**。那些首先预见到变化并据此迅速采取行动的人，往往能够获得显著的竞争优势；而那些通过恒久、深入的试验去推动创新和破坏的人则能获得相应的福利。

试验性探索的必要性在于，我们在起步阶段难以预见最终的结果。创新往往要经过无数次改变方向，才能找到通往光明未来的新路径。别忘了，无论是发现美洲大陆的克里斯托弗·哥伦布（Christopher Columbus），还是首次横穿美国大陆的梅里韦瑟·刘易斯（Meriwether Lewis）和威廉·克拉克（William Clark），他们都没有一开始就发现自己想要的东西，却在寻找过程中完成了改变人类历史的重大发现。

一次高质量的探索可以带来推动变革的知识，哪怕最后证明我们起先的前提或假设并不正确。当然，投入到试验中的资源是否合理，依然取决于成功的概率及其潜在收益。

8. **谦虚为怀**。刚愎自用是对组织的最大危害。它会导致人们对自身的局限和他人的贡献视而不见，进而损害整个组织的生产力。骄傲自大的害处更是毋庸置疑，以至于被天主教列为七宗罪之一。

作为科氏企业文化最核心的品质，我们每个人都应该力行谦虚，对知识诚实。要创造价值，我们就必须不断地探索和理解事实，有建设性地面对现实，从而创造价值，实现个人的发展与进步。

谦虚为怀意味着理解和接受自己的真实状态，也就意味着，你必须勇于承认自己的缺陷和错误，而不是一味地为自己辩解，将过错推脱给别人。对知识诚实则将谦虚为怀的含义提升到了更高的层次。它是对真理执著的守护，不管要为此忍受怎样的痛苦。它需要真诚寻求有建设性的批评，而不是英国剧作家威廉·萨默塞特·毛姆（William Somerset Maugham）所说的人之常情："人们表面上在向你寻求批评，但真正想要的却是赞扬。"

要让自己和他人承担应有的责任，也需要勇气和对知识的诚实，尤其是处理同事的工作业绩或行为问题这种不算愉悦的工作。一种缺乏担负责任的文化，必然会缺乏诚信，也不可能生存下去，繁荣更是无从谈起。

9. **彼此尊重**。对于一家追求长久成功的企业来说，必须尊重客户及其价值取向。科氏工业在全球 64 个国家拥有超过 10 万名员工，因此，只有坚持多元化和尊重彼此差异，才能更好地了解全球各地的客户、供应商及社区，并与他们建立相互信任的关系。我们竭尽全力招募各种背景的员工，期望通过能力、知识、技能和经验的多元化，实现最大化的价值创造。

我们强调以人为本，摆脱种族、宗教、性别或其他群体因素的干扰，在尊重个体的前提下与人交往。这不仅仅是自由社会的基础，而作为正确的事情，是本应如此的。同样的，组织也需要从品德、才能和贡献出发，视每个成员为个体。团队工作需要的是诚实、自重、尊重和体谅的态度。

让每个人都能感受到自己的存在与价值，是达到长期更优结果的必经之路。如果我们不能善待同事，就不可能得到诚心诚意、敞开心扉的合作和沟通，从而失去他们的信任、知识和投入。

缺少开诚布公、直言反馈的勇气，对个人和企业都有害无益。在与人交往的过程中，缺乏诚实就等于缺乏诚信。也就违背了相互尊重的“黄金法则”，对个人而言，通常也不会带来有利的结果。一个不愿接受批评的人，怎么能进步呢？

正如亚伯拉罕·马斯洛所说："不要让他人把反馈当成对他们的个人攻击或否定。要使反馈具有建设性，需要反馈的接受者相信，对方是在尊重、关心并尽力帮助自己。"

10. **实现自我**。如果员工在工作时间满脑子想的都是下班后的事，那么这个企业成功的概率自然不大。

在科氏工业，我们需要的是那些对工作充满热情，甚至在半夜都可能因为一个工作点子而醒来的员工。当我们全力拓展我们的潜能时，也就是在为他人创造最优价值，反过来，这也让我们的生活更有意义。

如果我们没有找到工作的意义，自然无法激发去创造更多价值的热情。一旦我们对工作失去了热情，生活就会变得空虚乏味。当我们走到人生的尽头时，如果只能说"我这一辈子也没做什么太多的事情"，那将是何等的悲剧啊！

言出必行

虽然说这些原则都是人尽皆知的常识，但要自发地将其应用于日常并取得理想的结果，显然还要不断思考和实践。正如伏尔泰所言："常识并不平常。"

很多公司都有类似于科氏工业的指导原则，但他们很少将其打造成企业文化的基石。至于以系统化方式将这些原则变为核心用人标准的企业，就更加凤毛麟角。但如果无法遵守并实行，不管多么了不起的原则，也只能沦为空洞无物的口号或挂在墙上的标语，管理者自然也会被认为是“说一套做一套”的伪君子。

在科氏工业，我们努力做到只录用并保留那些接受并坚守指导原则的人。我们会详细解释“MBM 指导原则”和他们的角色（我们在指导和培训方面投入了大量时间和资源），并清晰无误、始终如一地宣传我们对员工的要求：这些原则是指导员工行为的基本准则。

我们确保职业机会、职位晋升和薪酬待遇取决于员工执行和应用指导原则的效果。此外，我们定期对员工的表现作出反馈，辞退那些不能遵守这些原则的员工。这足以体现我们始终强调并确保科氏工业的企业文化建立在“MBM 指导原则”的基础之上。

要有效落实我们的 MBM，就必须以结果为核心。而我们面对的一个重大挑战就是如何帮助员工跨越从理论到实践的第一个阶段，即从对概念的理解到将 MBM 有效地运用于实践。如果提拔了那些言行不一的人，无疑会削弱我们的价值创造能力，损害我们的企业文化。和象棋手一样，我们必须学会运用理论和基本规则，制定通向成功的路线并付诸行动。对领导者来说，最不可或缺的才能就是找到那些能运用指导原则创造最佳成功的人。

不论你所在的公司是否拥有像科氏工业这样清晰明了的指导原则，作为领导者不仅应展现出理解和运用这些原则的能力，还要成为践行企业文化的积极楷模。因为领导者通过他们的言行举止在设定标准。因此，他们不仅是企业文化的维护者，更应该对企业文化的落实担负起责任。要成为合格的领导者，他们就必须以实现预期结果为目标，内化并始终如一地运用这些原则。如果缺乏有效的引导和积极的榜样，就不可能造就有益的企业文化。在科氏工业，合格的领导者不仅要坚守指导原则，还要经常性地与每一名员工交流和沟通这些原则。

在任何一家公司，最优秀的领导者都善于开展经常性、诚实的反馈，并从中寻求改进机会，最终达到推进变革的目的。领导者最大的责任，就是让所有员工都各司其职，各担其责。

我们可以从另一位伟大教练的身上感受到文化和领导风格的重要性，他就是加州橄榄球队的教练杰克·克拉克（Jack Clark）。据我所知，克拉克一直保持着校际体育比赛连胜场次的最高纪录。在 31 年的执教生涯中，他率队赢得了 22 次全国冠军。对我们来说，企业文化的重要性不言而喻，对他而言，最关键的则是球队文化。克拉克曾说：

团队就是我们的价值所在。每天，我们都在用这块试金石检验所有决策。我们正是透过这样的信念，演练每个动作。我们很幸运，因为我们坚持让自己每天拼尽全力。我们的球队永远是最重要的，这个信念影响着我们的每个战术和策略。不断进步和完善是我们球队的内在驱动力。我们珍惜品德，崇尚坚强。我们相信领导力是一种能力，也是一种责任。按照我们的定义，领导力就是一种能让你周围的人更幸福、更强大的能力。

招贤纳士

尽管对员工的选聘和留用应首先在基于其价值观和理念的基础上进行，但他们同样必须具备实现结果所需要的才能。诚然，与庸才相比，有才无德的员工会给公司带来更大的损失，但有德无才的员工显然也无力创造价值。要招募到实现愿景所需的人才，我们就要预测公司未来的需求，并持续搜索德才兼备、具有最佳绩效水平的员工，作为公司发展的后备力量。

我们不是仅在职位空缺时才去招人，相反，只要发现合适的人才，即使我们暂时没有职位空缺，也会想方设法将其纳入麾下。我们深知，这些人才总有办法创造出更优的价值，因此，冒一点风险也在所不惜。

为找到足够优秀的后备人才，我们鼓励全体员工鼎力举荐外部人才，实际上，我们招聘到的部分卓越人才就来自员工推荐。

此外，我们还与外部机构达成战略伙伴关系，其中包括一些熟悉 MBM 及其指导原则的猎头公司。

为满足日益增长的人才需求，我们对大学招聘工作进行了调整。这次转型的一个关键点,就是已开发成型的实习生计划。它让科氏工业在向应聘者提供正式职位之前，有机会对应聘者本人，而非一份简历进行评价。通过该计划，实习生和公司可以更好地相互了解。我们安排实习生做有价值的工作，而不是让他们“打下手”，这不仅对我们有利，更让实习生受益匪浅。

在校园招聘中，我们更倾向招募那些我们通过奖学金以及其他项目已与我们建立合作关系的大学的学生。这使我们更有可能招到符合指导原则的实习生。通过这个招募计划，在科氏工业的实习生中，有 70% 成为了正式员工，而全国平均比例仅为 50%。

我们发现，在校园直接招募了解科氏工业企业文化的毕业生较为容易。相比之下，对于来自其他公司的新员工，如果原企业的文化恰好与我们相悖，或者明争暗斗的政治游戏和繁琐复杂的官僚制度在他们看来是职场成功的必要条件，那么，要让他们了解和接受科氏工业的企业文化就困难得多了。总体而言，在那种组织里级别越高的人来到科氏工业后，反倒生存得越艰难。

根据我们的指导原则，完成思维模式的“弃旧迎新”绝非易事。这不仅需要员工有发自内心的转变意愿，也需要公司付出极大的耐心，并给予足够的指导和培训。不过，假如员工本身不能实现这种转变，我们就无法充分发挥他们的知识和能力，而他们也就无法在科氏工业取得相应的成就。

不管职位的要求有多高，极为关键的一点就是，我们决不能降低标准。我们宁愿推迟也决不贸然做出用人决定，因为后者可能导致企业为此付出各种难以想象的代价。

两者兼具

为评判应聘者或员工与我们在品德和才能上的要求是否匹配，科氏工业采取了一种矩阵评价法，这或许源自我们从事工程制造行业的本性。

在图 7.1 的矩阵图中，纵轴是对个人与所需价值观和理念匹配程度的主观衡量，横轴为我们对员工是否具备工作角色所需要技能和知识的评价结果。

在矩阵中，象限 I 代表了我们对员工的要求。尽管很多新入职的员工最初均处于象限 II 中的某个位置，但这是一种暂时的情况。如果某名员工处于象限 III 或象限 IV，除非他的问题源自缺乏理解，且他很快显示出改变行为的意愿，否则我们就

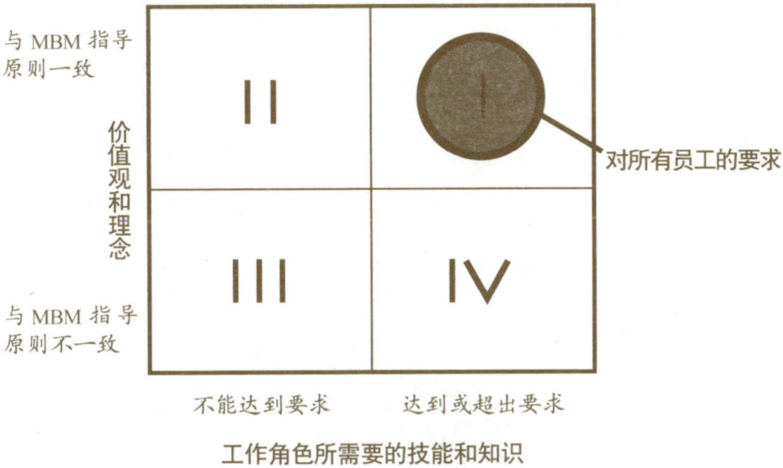

图 7.1　品德和才能矩阵

要承认在选人决策上出现了错误，并且不会再留用这名员工。

不管出于何种原因，对任何表现还没进入象限 I 中的员工，我们都要求他们能迅速提升表现、进入其中。对于每位在职员工和应聘者，我们希望他们能根据“MBM 指导原则”所要求的价值观和理念，并据此主动调整自己的行为。此外，我们还需要员工具备足够的潜力，掌握必要的技能和知识，达到甚至超过我们对其所承担的角色和职位的要求。没有能够创造卓越业绩的人才，公司就不可能具备卓越的竞争力。这就是科氏人才管理流程的出发点。

量身定制

我相信，员工在既定职位上的表现不仅取决于培训和经验，还取决于其天赋或才能。为此，我们依据哈佛大学心理学家霍华德·加德纳（Howard Gardner）的多元智能理论，设计了“人才管理流程”（Talent Management Process），以确定最适合个体员工的工作角色。

按照加德纳的理论，人的智能可以划分为 8 种不同的类型，任何人都不可能同时具备或是缺乏所有的这些智能类型。它们分别是：人际关系智能、自我认知智能、语言智能、逻辑与数学智能、空间智能、自然观察智能、动觉智能和音乐智能。

加德纳的理论并没有得到普遍应用，但对组织来说却异常重要。因为一旦掌握，它就可以让组织领导者更好地运用比较优势理论。人形成特定技能和知识的天赋取决于他们的个体智能。因此，只要岗位角色设计符合员工的个人才能，其绩效必然大幅提升（详见第 9 章“决策权”中的“角色、职责和要求”一节）。

不妨以 NBA 巨星迈克尔·乔丹（Michael Jordan）为例，他是篮球运动有史以来最伟大的球员，这一点毋庸置疑，但他也想过打棒球。在经历了失败的尝试后，乔丹返回篮球场，并再度在自己最适合的运动领域成为主宰者。

以前使用的“职位描述”，实际上就是将方楔子砸进圆孔或是把圆楔子砸进方孔，这显然是在浪费组织资源。科氏则通过量身定制的角色、职责和要求的开发设计，充分发挥员工的才能，在为客户与社会创造更多价值的同时，也为员工提供了更大的成功机会。

为实现长期价值的最大化，新老员工都必须遵守相应的原则，拥有合适程度和种类的才能，在最适合自己的岗位上最大限度地发挥个人才能。

人才规划

为评估人才的总体情况，我们采用了被称为“ABC 流程”的人才规划机制。按照这种方法，领导者要对下属每位员工的比较优势、发展状况、面临机会以及对下一项岗位职责的意愿情况做出评估，然后根据评估结果将他们的表现评定为 A、B、C 三级。

这个过程完全不同于某些公司采取的强制性分级制度，比如末位淘汰制，即每年与业绩排在倒数 10% 的员工解除劳动合同。这就像教授对待学生一样，只要他的成绩排在倒数 10%，不管其实际成绩是否及格，最终都会被判为不及格。我还记得，在大学的一次物理考试中，在 100 分的考试中我仅得了 45 分，当时还担心会在这门异常难懂的课程中挂科，但由于当时的平均成绩只有二十几分，于是，我最后竟然还得到了一个“A”。

我们的目标是让所有员工都创造高水平的绩效，而不是让他们相互比较。我们没有必要一定要让哪名员工被评为“C”级，即使有，我们也会想办法帮助他找出问题，并提供其提高业绩所需要的指导和培训。

“ABC 流程”的评价标准

A 级：这在该角色上的表现和贡献非常突出，远超过在主要竞争对手担任同类角色员工的表现，因而为公司的长期盈利做出了杰出贡献。这个绩效水平的员工通常占到业内的同类角色的员工总数的 15%。我们的各业务部及职能始终将寻找 A 级绩效作为一项重要任务，并确保他们不会流失。科氏工业长期在人力资源市场上寻找具有 A 绩效绩效水平的人才，并始终致力于提高人才发现、招募、保留和激励的能力，录用并保留这些最具竞争优势的人才。

B 级：在该角色上的表现和贡献至少与主要竞争对手中担任同类角色员工的表现相当。尽管不属于人才金字塔的最高层，但他们的业绩表现依旧属于行业内的前一半。B级绩效表现稳健，总能达到公司的要求，在许多方面还有可能超过要求。B级绩效做为一个整体，对公司的成功很关键。公司不应该在失去他们以后才感到追悔莫及，他们也不应该生活在A绩效员工的阴影里；然而，他们还是应该受到挑战，不断成长和进步。

C级：表现和贡献逊色于业内主要竞争对手中同类角色的平均水平，因而让公司处于竞争的劣势。C级绩效员工没有达到公司要求，也许他们担任的角色不适当，也就是说，如果调配到可让他们发挥比较优势的角色上，他们也许能做出B级、甚至是A绩效水平的贡献。但是，如果给他们安排了适当的角色或给予相应的培训之后，他们的表现依旧达不到B级，那么公司就不应该挽留他们了。

按照加德纳的理论，员工不能在既定角色中创造价值，并不意味着他不能在其他角色中创造价值。实际上，在很多情况下，情况恰好相反。因此，评估后的下一个步骤就是要确定，员工绩效低下的原因是不是我们给员工安排到了错误的角色。在棒球这项运动中，迈克尔·乔丹的表现或许只能是“B”或“C”，但是在篮球场上，他绝对是“A”级水准。

同样，员工在一家公司不能创造价值，并不代表他不能在其他公司创造价值。如果换一家企业文化更适合其才能和品德的组织，他或许就能获得成功。

推行“ABC 流程”并不是为了鼓舞或指责任何人，而是为了吸引和录用实现组织长久成功所需的人才，并且培养他们，安置给他们合适的角色，让他们长期服务于科氏工业。所以我们不鼓励公开这些评估结果。

在人才评价中，不管我们采取怎样的方法或流程，都不应让其官僚化、模式化。相反，我们应该把它当作有效工具，用来识别具有 A 级绩效水平的员工，监测管理层在处理 C 级表现时的问题，帮助那些角色不匹配的员工找到更适合他们的角色。领导者必须当机立断，缩小并消除这些员工的角色与能力的不匹配程度，只有这样，才能改进组织的整体绩效。

当然，员工的绩效会随着时间而变化。有些员工的绩效会在几个月或几年时间里大幅提高，而也有些员工则可能会表现出对环境或其他因素变化的不适应。

由于员工自己也会随环境变化而变化，因此，应该定期对他们的绩效进行评估，而不是抓住以前的表现不放。对价值创造能力的评估不应该是一成不变的静态指标，而是针对他们当前价值创造的动态评估。

尽可能多地吸引 A 绩效人才，有助于增加企业的能力，提高竞争优势，及时捕捉更多的利润增长机会，为成功打下更坚实的基础。我们之所以曾经错过很多机会，就是因为当时没有相应的人才。正因如此，我们如今在人才招聘上更为主动，积极吸纳能给我们带来卓越价值的人才，哪怕当前没有职位空缺。

我们的做法不是为了加强“板凳深度”[①]，因为我们绝不会让 A 绩效员工坐在“替补席”。在聘用具有 A 绩效潜质的员工时，即使暂时没有职位空缺，我们也会想方设法给他们提供创造价值的机会。因此，在科氏工业，机会无处不在，创造价值的机会永远多于有能力捕捉这些机会的人才数量，每个人才都能找到发挥才能的机会。

绩效发展

在低水平绩效无法得到改善时（比如让表现不佳的员工继续留在原来的岗位上，尤其是那些领导岗位），组织功能不可避免地会受到影响。要保证绩效管理流程的有效性，就不能回避这些问题。主管不能把绩效反馈变成简单的“走过场”，而失去了让员工坦诚面对自己绩效表现不足的机会。

为避免主管与员工之间的对话变得不愉快，反馈的设计应该要以帮助员工提高绩效为目的。这种反馈应该具体、直接而诚实，而不应该笼统、含混和抚慰。反馈必须实事求是，将自

①球赛中，替补坐在板凳上，所以用板凳指替补队员，深度指实力。——译者注

我评价和来自身边同事的360度全方位评价相结合。在科氏工业实践这种方法后，我们发现，相较于简单易用、广为使用的公式评价法，我们的方法要有效得多。

科氏工业给予员工的反馈主要涵盖三个领域：主要贡献、优势及需要改进之处。通过列举员工对公司做出的具体贡献，我们鼓励员工继续为公司做出更大贡献。通过总结员工的关键优势，我们可以了解员工职位与其比较优势的匹配程度。

要确保我们这种“定性评价法”取得预期效果，主管就必须清楚员工的优势以及改进的需求——尤其是对那些绩效表现没有达到要求的员工。要提高员工的绩效，主管必须敢于对员工直言相告，让他们知道自己需要在哪些方面做出改进。

另一方面，员工也要以开放、宽容的胸怀对待诚实的反馈。我们的新员工经常会说，这是他们第一次得到如此直接的反馈，这样的反馈必然有助于他们改善绩效。尽管有时确实让人感觉难以接受，但反馈本身非常有益。

定性评价法强调员工与主管同步改善绩效。别忘了，每个人都有改进空间，即便是CEO也不例外。比如，在针对我的2015年2月绩效评价中，就有几条涉及绩效改善的建议：

- 在风险承担方面，避免发出方向不同的信号；

- 在提出信息要求后，对员工的回应给予反馈；
- 在员工应要求提供信息后，要坚持给予相应的反馈；
- 分析强调的应该是准确性，而不是精确性。

我发现，我的年度绩效评估非常富于建设性。CEO 必须和所有员工一样，以开放、宽容的胸怀对待客观真诚的反馈。原因很简单，我们是愿意被被有点不好接受的反馈伤及一时，还是愿意被重大失败而伤及一世呢？

职业发展

与科氏的 MBM 理念一致，我们也要求员工在思想和行动上体现出有原则的企业家精神，成为其职业发展的责任人。员工必须主动分享他们的职业理想，并积极寻求有助于设定其实际的职业目标的反馈。这样，各级领导者就可以获得必要的知识，帮助企业建立最优化的人才储备。

通过个人能力的培育与开发，员工可以为公司做出更大贡献，在本岗位创造更大价值，而且更有可能发挥其最佳潜能。我们依靠的不是集中式的课程或是格式化的职业发展路径（这种方法无法考虑到个人的需求、能力和偏好），相反，我们努力为员工创造一种“内部市场”，根据每个人的特长和兴趣，为他们提供最适合自己的职业选择，并充分考虑实现其个人贡献最大化的方式。

各级领导者都应在人力资源部门的支持下，为员工的职业发展流程贡献力量。为此，他们可以寻求员工在绩效上的差距，为他们提供有效的反馈和指导，调整当前的职位角色以适合员工的能力，并为员工挑战新角色做出准备。主管应对团队成员的职业发展负责，并积极致力于建设促进员工职业发展价值最大化及消除人才积压的企业文化。这就要求他们为员工提供在科氏工业其他业务部门寻求发展的机会。如果做不到这些，就无法实现人才储备的优化，士气就会受到影响，我们就会失去有潜力的人才。

有时，人们会觉得晋升或其他职位调整是职业发展的必经之路，但我们努力避免让这种所谓的必要性成为现实，因为只有这样，员工才能将精力用于创造价值，而不是总惦记着自己的下一个岗位。

当主管帮助员工全力以赴提升个人工作技能，扩大职责范围，提高贡献时，员工的薪酬待遇自然会随之改善。如果员工在始终关注如何实现个人贡献最大化，而不是晋升、头衔或是预设好的升迁道路，他们的绩效自然会大有改观。

在所有企业中，在职的指导都是帮助员工实现个人发展最有效的手段。正式培训可以向员工传授基本知识，而且科氏的培训始终强调遵守法规、道德以及 MBM 的理念和工具（如第 4 章所述，我们的“MBM 顾问组”就是让理论变得更有可操作性）。培训绝不可能取代言传身教的指导，因此，与正式培训相比，我们更重视在主管和员工之间建立起“拉帮带”的关系。

有效的个人职业发展不仅能让员工受益，也会让企业受益。一方面，员工在各自岗位上得以充分发挥个人才能，并取得更大成就；另一方面，公司也实现了长期成功的基本要求——培养、保留并充分激励高生产力的员工。

我曾主动联系过克拉克教练，希望获准在本书中引用其观点，克拉克教练慷慨应允。他在回复中写道：“我们认为，只要坚持‘感恩一切，不求回报’的思想，任何人都能接受我们的价值观。”

“好的员工是企业最宝贵的资源”，这绝对是一句至理名言。更重要的是，他们也是创造良性利润的基础。我完全赞同克拉克教练的观点：一定要感恩一切，勿过分追求名利。我尤其感恩科氏工业的每一位好员工。

第8章

知识流程：信息创造价值

希望真理站在我们这边是一回事，而真诚地希望我们站在真理那边，则是另外一回事。

—— 理查德·怀特利

我们兄弟四人都患有一种每个男人都不想有的毛病：前列腺癌。大卫的症状最为严重。在 1992 年被诊断出患有前列腺癌后，大卫的病情已处于晚期。在经历化疗失败以及随后的手术治疗后，大卫在 56 岁才第一次结婚，并与妻子朱莉亚生下了三个孩子。但是后来，他的病情再次恶化，已经没有任何治疗手段能够根除这种疾病。因此，激素治疗成了唯一能抑制癌细胞的手段。他开始竭尽全力地寻求治愈可能，了解病情知识，寻求最好的治疗手段，这让他又活了 20 多年。

正如父亲所说，逆境是一种隐藏在痛苦表象下的赐福。对诊断以及各种治疗手段弊端的体验，让大卫逐渐成为一位对癌症研究领域充满热情的慈善家——他开始致力于造福全人类。

大卫对癌症治疗事业的最大贡献之一，就是在麻省理工学院建立了一所研究院，探索癌症治疗的新理念以及新的治疗技术和工具，从而达到改善癌症诊断和治疗效果，以及预防癌症的目的。这不难理解，大卫天生具备工程师思维，对探索预防与治疗疾病的新技术和新工具，他自然有着无穷的能量。

大卫建立的研究院，无论是在实验室还是在公共区域，都充满鼓励互动与推进合作的氛围。此外，加强工程人员和科研人员之间的合作，也是研究院的基调。

这所研究院被命名为麻省理工学院大卫·H. 科赫综合癌症研究院（David H. Koch Institute for Integrative Cancer Research，简称科氏研究院）。

它通过跨学科方式，将生物学家、药剂学家与计算机科学家、临床医，生以及生物、化学、机械和材料领域的科研人员汇集到一起。在我看来，这所研究院就是一个典型的创新组织，因为它所秉持的原则充分体现了创造良性利润所需的五个维度之一：知识流程。

知识流程根植于特殊的组织结构和企业文化，让参与者通过自发性地分享探索成果而进行创新，这正是科氏研究院的做法。本章的核心，就是通过知识分享流程，打造创新组织。

自发性知识分享

科氏研究院的研究领域主要包括五项计划，它们也是在控制癌症领域实现突破性进展的关键所在，这五项计划分别是：开发以纳米技术为基础的癌症治疗手段；研制新型的癌症诊断和监测设备；从分子和原子层面研究癌细胞的转移机制；通过对癌症病情发展路径以及与具体癌症治疗药物的抗药性进行系统性分析，研制有针对性的抗癌药物；对抗癌的免疫系统进行工程再造。

科氏研究院采取的新技术、新方法和新原则显然已突破了传统观念的束缚，并创造出大量新机会。通过结合工程学、物理学与生命科学知识，科氏研究院必将在抗癌方面取得重大突破。

不管目标是治疗癌症、研发体积更小、运行更快的智能电话，还是开发更有效、更环保的尼龙制造工艺，突破性创新都需要内部自创或从外部获取知识，并分享和利用。实现这些目标的方法，就是科氏工业的知识流程。知识流程体现为机制和指标两个方面：机制能让我们及时了解全球各地的发展状况，而指标则对如何完善愿景提供反馈，并根据最优化信息及探索结果衡量我们的进展状况。

我和妻子利兹曾到科氏研究院参观大卫夫妇对研究院的贡献。在整个过程中，我看到大卫的眼里始终噙着泪水。同样令我感动的是，在这所研究院中，面对形形色色的顽疾，生物学家和工程师们使用的可能是最有效的方法，即波兰尼在《科学共和国》中提到的方法，它始终是我最常翻阅的书。

在《科学共和国》中，出身化学教授的哲学家设想了一个致力于“走向未知未来”的“探索者社会”。目前坐落于马萨诸塞州剑桥的研究中心，正是用生命的价值体现了这一愿景。研究中心的精英汇聚在一座气势宏伟的办公楼中，而这座大楼的出资者就是我的兄弟大卫。

这所遵循波兰尼的设想而创建的科氏研究院，再次让我坚信，无论是在科学、商业、体育还是其他领域，每个追求卓越的人，都会自然而然地走向这种方法，加入这种特殊类型的知识流程。在科氏研究院的奠基仪式上，麻省理工学院院长苏珊·霍克菲尔德博士（Dr. Susan Hockfield）说：“我们汇聚了一批最杰出的科学家和工程师，面对尚不清晰的遥远目标，他们的思想极富探索性。因此，我们尽可能让他们开展独立研究，因为我们完全有信心，这个群体所具有的聪明才智和高瞻远瞩，是任何个人智慧所无法比拟的。”

我认为，波兰尼肯定会赞同这种说法。波兰尼认为，科学领域之所以更具创新力，是因为它“在为人们提供一种知识体系的同时，又在鼓励人们不断挑战这一体系。”这句话也描绘了我少年时的梦想，而且可能是我被科学吸引的原因。科学“强化了传统意义上的基础科学教育，而最终的目标又恰恰是培养人们推翻这些传统理论。”

科氏研究院神奇再现了波兰尼所描述的自发秩序(Spontaneous Order)，即通过知识分享相互调整各自的行为和动机。如果某个人将癌症看成无解难题，那么，波兰尼的下面这段话就是寻找治疗手段的最好建议：

> 设想一下，我们面前有一大堆巨型的拼图块，假设出于某种重要原因，我们必须在尽可能短的时间内将这些碎片拼合到一起。为加快完成速度，我们自然会想找一群帮手，但问题是，应该以怎样的方式将这些人组织起来？
>
> 要让所有帮手之间形成有效合作，达到集体工作超越任何个人所能达到的效率，唯一的方式就是让他们一起工作。这样，当某个帮手安装自己负责的拼块时，其他人都能目睹其安装过程，并马上思考下一步的对策。按照这种工作模式，每个帮手都会根据其他人刚刚完成的任务，依据自身判断采取行动，从而大大提高了整个任务的完成效率。
>
> 简而言之，在这种模式下，我们将一系列相互独立的行动组织起来，并在每个承上启下的步骤中互动调整，

在每个人根据其他人的做法调节其对策的同时，其他所有人也在据此进行自我调整。

对于一种文化，不管属于顶尖的研究中心、跨国组织还是刚刚发芽的初创企业，要实现有助于推动探索发现的自发秩序，就必须不断探寻新知识，并将其付诸实践。然而，并非每个组织都具有值得期待的品质。正因如此，在我们的MBM中，“品德和才能”维度和“知识流程”相互依存，因为后者需要人们具有合作意愿。（当然，五个维度都相互依存，因此，在科氏工业，我们强调全面落实这五个维度。）

由“知识流程”形成的文化中，必然不存在盲目遵从、随波逐流的现象。我们依赖的不是一套指令，而是环境和工具箱。每个员工与领导者合作，共同制定适合自己的角色、职责和要求（RR&Es）。我们鼓励，甚至是要求员工主动提出观点，而不是一味消极地批评。这样有助于价值创造的沟通，自然会产生建设性的不同意见。

每个希望实现创造力最大化的人，都应成为跨学科团队中的一员，就像在科氏研究院，实现思想和观点的充分共享，而不是孤军奋战，闭门造车。企业的领导者也要为其下属员工提供充足的资源和时间；此外，每个人还应认识到非重要工作的机会成本，并通过降低机会成本，节约宝贵的时间。让具有杰出绩效能力的员工投入到最棘手的难题上，往往是实现成功创新的关键。

2004 年，由于诸多明显难以逾越的技术性障碍，英威达放弃了为尼龙生产开发一项新工艺流程的计划。在收购英威达之后，我们给予了研发机构负责人充分支持，允许他带领团队继续开展该项研究。两年之后，研发机构负责人终于取得了具有划时代意义的重大突破。他马上获得了实验室检测及试运行的许可。在此过程中，最关键的显然就是他“从理论到实践”的技术开发能力，以及从零开始，为公司创造全新生物技术的能力。随后，他再次转换角色，亲自到英国创建了一个世界最高水平的生物技术中心，并在很短时间内再续辉煌，实现了若干项重大技术突破。

将新开发的尼龙工艺流程从试验推进到大规模商业化生产阶段，则需要另一种 A 绩效的研发领导者。于是，一名兼具生产制造和商业运营经验的英威达科研人员承担起这项职责，带领团队顺利通过了为期数月的理论测试阶段。总之，这些领导者攻克了有可能扼杀项目前景的难题，并取得一系列重大突破，让新技术过渡到商业生产阶段，并最终于 2014 年促成了英威达在得克萨斯州橘子郡的工厂正式落成。事实证明，新的尼龙工艺流程远超我们的预期。它再次表明，为关键性领导岗位配备“以知识创造为己任”的 A 绩效人才至关重要。

外部网络

源于A绩效员工的知识分享，不断地从科氏工业的一个领域延伸到另一个领域，这不免让我回忆起爷爷的祖国——荷兰。17世纪的荷兰人将商船开到了世界各地，其路线从东印度洋的雅加达，延伸到西印度洋加勒比地区的阿鲁巴岛，横跨12 000多英里。

通过贸易，人们开始设计出更好的船只，使用风车，开垦荒地，由此获得的知识促进了创新，为荷兰经济进入繁荣期创造了条件，并在经济和文化上深刻地改变了荷兰人的生活。这种环境不仅造就了伦勃朗·哈尔曼松·凡·莱因（Rembrandt Harmenszoon van Rijn）和约翰内斯·维米尔（Johannes Vermeer）这些史上最伟大的画家，为勒内·笛卡尔（Rene Descartes）和约翰·洛克（John Locke）等改变人类思想形成的思想家提供了乐园，也成为胡格诺教徒及普利茅斯殖民地朝圣者等异教徒的避难所。

人们从荷兰崛起中得出的结论是，只有在人类能以低成本方式轻易获取大量相关知识时，社会才是最繁荣的。言论自由、结社自由以及基于互利基础上的贸易自由，最有利于为社会繁荣创造条件。人类之所以要进行商业或其他形式的贸易，就是因为他们期望通过交易提高福利。即便交易无利可图，也能给我们提供宝贵的知识。事实证明，与成功带来的收获相比，我们从失败中学到的东西要多得多。如果我们想从组织（其本质就是小型社会）的知识分享中收获更大，就必须像荷兰人那样，以开放的思维和宽广的胸怀接受互惠交易。

同样，如果仅凭内部资源，一家企业不管其员工多么精明能干，都无法追赶当今世界日新月异的创新与发展步伐。因此，要迅速掌握相关领域的全球最新动态、机会和风险，企业就必须建立有效的外部网络，及时跟踪技术、方法、市场、政治、战略及客户价值取向的变化。

外部网络可以包含贸易伙伴、客户、供应商、前雇员、专家、大学、技术研发机构、咨询师以及其他外部力量。与之建立并维护良好的合作关系，是制定愿景、规划战略和确定优先事项的出发点，也是预见并理解企业发展因素的关键所在。

此外，外部资源还有助于组织识别和评估创新、收购及开发项目的机会，并利用这些机会创造卓越价值。考虑到 MBM 对科氏工业的重要性，我们始终依靠各种网络，帮助我们识别与文化特征相符的潜在收购目标。收购在文化上相符的企业，其重要性绝不亚于收购在能力上匹配的企业，但是要找到企业文化相符的企业显然并非易事。

打造出一个理解公司理念、能力、战略和利益取向的知识网络，是一项长期任务。激励这个网络中的成员帮助我们识别并抓住难得一遇的最佳机会，同样需要时间的历练。我们给予咨询师的报酬，完全取决于他们为科氏工业创造的价值。以这种方法，我们使双方的利益关系得以协调。

随着科氏工业的业务和能力不断拓展，我们的网络覆盖范围变得更大，并趋于多样化。比如，在 20 世纪 90 年代，生物燃料业务还没有引起我们的兴趣，因为如果没有政府补贴，这项业务毫无利润可言（我们对以政治手段赚取的恶性利润从来不感兴趣）。

然而在原油价格暴涨，并推动新兴的谷物加工工艺创新后，生物燃料业务的盈利公式发生了变化。我们意识到，即便没有政府补贴和我们一向反对的扶持性政策，乙醇一样有可能为我们盈利。

传统的乙醇工厂效率低下，仅能将 33% 的原料转化为高价值产品。相比之下，在效率较高的原油炼油厂，产品转化率高达 96%。

为评估大幅改善乙醇制造厂的低效率问题，弗林特—希尔斯炼油厂创建了一个由发明家、动物饲料咨询师及设备供应商构成的知识网络。他们最初认为转型与效率改善必然可行，因而他们为弗林特—希尔斯转型为更优秀的生物炼油厂献计献策。

如今，弗林特—希尔斯的乙醇工厂已取得了很多进展，其中，玉米油和蛋白质提炼技术的升级使其可以应用于更多领域。

在市场条件允许的情况下，这些进步最终为弗林特—希尔斯收购多家乙醇厂铺平了道路。目前，它已成为美国第五大乙醇制造企业，年产乙醇量超过 8.2 亿加仑。

在弗林特—希尔斯收购乙醇生产企业的同时，也为科氏工业供应与贸易部门（KS&T）探索乙醇贸易及配送业务提供了机会。对这些以贸易为基础的业务来说，经销网络意义重大。在超乎寻常的全球知识来源、与杰出分析机构的密切合作关系以及弗林特—希尔斯雄厚资产的支持下，KS&T 与弗林特—希尔斯相互合作，共同造就了乙醇贸易业务的成功。

在认识到行业配送问题时，KS&T 便马上意识到其中存在的机会。这些问题的诱因包括企业分布的碎片化、对铁路的过度依赖、管道铺设的难度以及参与者的风险规避倾向。针对这些问题，KS&T 并没有马上筹划投入资金，而是首先承担起整个业务流程的集成者和风险吸收者，从而为大幅改善行业的运营效率提供了契机。

随后，供应与贸易部门，与运输和配送企业建立起合作关系，在充分考虑优势性终端、规模效益及合理选择的基础上，得出了最优解决方案。要最终达成合作，关键就在于通过激励协调（见第 10 章）让所有者共同受益。

建成网络显然还远远不够，更重要的是要在实践中不断完善这个网络。我们发现，很多方面的资源和机制为我们提高网络有效性创造了条件。其中之一，就是确保知识分享服从于共赢原则。领导者应保证，他们带领的团队必须理解知识的价值，以及了解哪些知识应该与第三方分享，哪些不应该分享。专有的贸易洞察及知识产权（包括贸易机密及业务策略的细节）就属于应限制对外分享或严防对外披露的知识。

咨询师

20 世纪 80 年代，松湾炼油厂迎来了一个重要转折点，导致“躲猫猫，每周收 1 000 美元”成了当时聘请的外部咨询师的口头禅。他们的态度很明确，就是只拿钱，不干活，或是尽可能少干活（如果换到今天，他们的口头禅恐怕应该是“每周几千美元”了）。这的确令人气愤，而且代价巨大。

之所以会出现这种情况，是因为我们根本没有对如此大规模的项目进行适度的指导和监督。不过，即便是现在，公司在聘请外部咨询师时，也会遇到这样的问题。

在刚走出校门时，我就曾在一家咨询公司任职，这段经历告诉我，咨询师可以帮助企业了解客户、竞争对手、行业基准、突破性技术、市场趋势以及政策变化等知识。他们是企业获取这些知识的重要源泉。只要能合理设计咨询师的回报，就可以激励他们以客户利益最大化为目标，不难想象，优秀的咨询师可以创造出巨大价值。

然而，如果使用不当，咨询师不仅会变成代价高昂的累赘，还可能泄露公司的专用信息。因此，要正确利用咨询师，发挥他们的积极作用，公司就必须挑选那些拥有适当知识和价值观的咨询师；明确他们的职责和必须完成的任务；以合理的指标衡量他们的工作进度；给予全过程的严格监督；始终确保激励与绩效相互一致。

大公司往往会过度依赖咨询师。这不仅会给企业带来巨大的费用负担，也会削弱公司内部力量的培养。为此，一家曾有过此类经历的公司与战略规划部主管布置任务，必须将聘用外部咨询师的费用缩减为每年 20 亿美元。

事实证明，咨询师已渗透到公司的各个部门，导致公司的所有决策都离不开他们的参与，需要咨询的研究项目层出不穷。但是，当每年的咨询费缩减为原成本的 75% 时，这家公司反而没有错过任何机会。

同样，在收购 GP 公司时，我们也在咨询方面花费了数千万资金，咨询师的确提出了很好的建议，也为我们呈上了内容丰富的咨询报告，不过这些报告对实际决策没有任何参考价值。后来，我们将花费在咨询上的开支削减了 80%，通过招聘新雇员的方式取代外部咨询师（其中也包括几位曾为我们服务的咨询师，他们的价值观、技能和知识恰好是我们需要的）。这项新举措不仅带来了更为专业、更有价值的知识，而且以远低于外部咨询的成本，为实际决策提供了巨大的参考价值。

信息造就成功

知识是可以改变结果、创造利润的信息。然而，如果只收集和分析不会带来任何结果的信息，就不会创造任何价值，利润自然无从谈起。收集信息需要成本，无论是信息的提供者还是接受者，都需要为此投入时间和金钱。我们必须保证，绝不浪费时间去提供唾手可得却毫无意义的信息。最典型的反例就是会议，因此，在设计会议内容时，必须确保其创造的价值超过参与者为此付出的机会成本。

提供有价值信息的道理同样适用于信息技术（IT），因为它在我们的成长中扮演了关键角色，让我们得以更好地收集和运用知识，也提高了我们的洞察力。在过去，每十年都会出现划时代的重大突破，20 世纪 70 年代的传真机，80 年代的语音邮件，90 年代的电子邮件，21 世纪第一个十年的搜索引擎，以及我们今天正在使用的云技术及数据分析工具。

在我们的贸易业务中，技术将历史数据和实时数据提供给贸易商，帮助贸易商识别市场信号，对市场形势迅速做出反应。在我们的工厂中，环境和安全审计的结果会迅速进入在线系统，随后发送给相应的工作人员，从而实现有效跟踪及模式识别。

在我们的人力资源部门，招聘工作同样得益于领英（LinkedIn）和 Facebook 等社交网络，而利用最新出现的网络系统，我们甚至可以为空缺职位找到未提出求职申请的人。在业务开发中，私人在线图书馆可提供大量行业数据及项目和业务内部评估结果，从而避免了重复工作、记录重要分析和历史研究结论。

网络社交技术的广泛应用，让我们能以更低的成本，迅速了解数千名员工及第三方的情况，从而为我们评估商业机会提供佐证。

全球工程分析及产品寿命周期系统则拓展了科氏工业工程及制造团队在全球的合作范围，实现了名副其实的全天候分析。同样，制造业务的执行和规划系统也为我们的运营提供了实时数据，让我们得以及时调整规划，加快对客户及供应商变化的反应速度。

信息技术在广度、深度和持续性方面令人震撼。低成本、无处不在的无线通讯技术似乎有着无限的容量，大大提高了掌上电子设备的计算能力，而这种大批量的数据处理能力也给我们带来了革命性创新，从根本上改变了业务操作模式，让我们的业务呈现出强大的竞争力。正确使用信息技术会让获取、储存和传递信息的过程更快、成本更低。

SalesForce.com 和 SAP 等大型平台供应商利用开放式架构，在新型商业操作软件领域引发了一场革命，给我们的运营效率及营销有效性带来突破性变革。

为充分实现创新收益，科氏工业旗下的各项业务也开始调整愿景，利用信息技术实现转型。

GP 旗下的商用纸业务部门就是一个转型成功的案例。它们采用新通讯技术提高了与分销商和终端用户的合作有效性。这样做的好处就是能更好地与分销商销售代表协调工作，提高了企业让部分终端用户接触其商品的能力，降低了推销费用。

与此同时，GP 的消费品业务部门也在尝试直接以电子商务的方式向消费者发货。这种模式可能在未来的部门发展中占据非常重要的地位。商用纸业务部门和消费品业务部门均采用数字化媒体和高级分析工具，降低了信息分享和信息转化的成本，为客户及终端用户创造了更多价值。

信息技术的另一种运用，就是让我们的所有业务以物联网为中心，这必然大大提高互联互通性。这不仅让各项业务，甚至于科氏工业的全球供应链都将因此受益。

在 GP，这种运用方式采用了所谓的“未来洗手间”试验。我们的全部业务都可以利用互联网提高生产的安全性与可靠性。

对任何业务来说，利用信息技术实现自我转型都需要具备以下因素：

- 企业领导者必须意识到，转型的愿景、战略和实施是他们的分内之事，而不只是由公司信息技术部门负责。信息技术部门更喜欢推行形式高端，但很少能带来利润的 IT 系统。企业领导者对信息技术的认识不足，将导致无法对缺乏盈利性的建议提出质疑。
- 创建一个名副其实的信息技术部门，它所推荐的技术将为企业带来实实在在的利润。换句话说，部门成员拥有的知识、价值取向和激励与整个企业相互兼容，协调一致。此外，信息技术部门还能在项目管理、技术和流程架构、数据管理以及安全性方面发挥作用。
- 打造一个创新流程，使其不仅能对技术进步做出合理评估，还能在企业指导下实现新技术的快速运用。
- 重建并尽可能维持完整的业务组织构架，以充分发挥新技术的优势。

信息技术的大规模运用可能招致网络攻击。2011 年，GP 公司的消费纸业务便遭受了拒绝服务（Denial of Service）的攻击。这是有人利用网络上已被攻陷的电脑作为“木马”，向目标电脑发动密集式的“拒绝服务”攻击，用以耗尽目标电脑的网络资源及系统资源，使之无法向真正正常请求的用户提供服务。这种黑客攻击有时甚至是毁灭性的，它也促使我们调整了 IT 系统的安全对策。我们意识到，只有拥有更多知识，才有可能有效应对这种威胁。

事实证明，最宝贵的支援并非来自付费的外部咨询，而是有过类似经历的其他组织，这也从另一个侧面体现出知识分享的互惠性。事实上，面对黑客手中层出不穷的新工具和新技术，大多数公司依靠自身力量还无法实行有效抵御。如今，我们将自己的观点和洞察与业内同行、教育机构以及非营利机构等合作伙伴充分分享，反过来，我们也从它们身上学到很多有价值的知识。

衡量指标

了解利润为何而来的重要性，丝毫不亚于了解利润从何而来。正是出于这个原因，企业还需要建立合理的评判手段，以求理解盈利的动因。价格、利润或亏损告诉我们，人们追求的价值取向是什么，以及满足这种价值取向的最佳方法。对科氏工业而言，它也是衡量我们“是否在做正确的事”的重要指标。

在真正的市场经济中，价格依据供需变化而自我调节，因此，盈亏也成为衡量企业对社会创造价值的客观评判标准。要获得成功，企业不仅要有明确合理的盈亏衡量指标，还要找出决定盈亏的运行机制和根本动因，以便更好地理解哪些因素会创造价值，哪些因素毫无价值。这些知识有助于我们更好地规划愿景和战略，激励创新，更有效地减少浪费，引导我们不断完善自我。

有可能的话，企业还应客观评估每位员工、每次行动和每项资源对企业长期价值和社会福祉的贡献。遗憾的是，这种评估注定不可能精确无误，因为大多数行为的长期回报仍无法量度，而且未来本身就是未知的。因此，我们只能满足于间接性的近似标准，并充分考虑企业所有的机会、能力和资源，以及可承受的风险。

还记得第 4 章提到的咨询师吗？聘请他们的机会成本就是招聘全职办公室经理和清洁工的依据。这进一步说明了严格审查所有机会及其相应机会成本的必要性。在考虑风险和时间成本的前提下，根据各方案的盈利能力确定优先顺序，可以最大限度地减少浪费。在有机会采取盈利性更高的方案时，接受盈利性较低的方案同样是在浪费资源。如果不了解机会成本，就不可能精确地比较其盈利性。

尽管这听起来似乎有悖常理，但如果在机会成本的前提下，企业在放弃盈利性较低的方案后，可以得到价值更大的机会，那么利润实际上不减反增。即便不是企业的直接资产，也应对其盈亏和资本回报率做出衡量，从而确保企业资产投入到最佳途径当中，创造最大利润。

在收购 GP 公司之后，我们就体会到了这一点。当时 GP 还是一家上市公司，在百慕大拥有一家自保性保险公司，其日常流动资金需要达到 2.75 亿美元。

在科氏工业收购 GP 之后，后者的安全性绩效在“MBM 指导原则”下得到了改善，但现金资本回报率却降至个位数（这个问题似乎不难解决）。投保人索赔大幅减少，这表明 GP 的保险业务在细节处理上优于其他公司。然而，维持这家保险公司的机会成本太高，所以在经过深思熟虑，认真衡量和比较相关业务后，我们还是忍痛割爱，剥离了这项业务。

需要注意的是，只有能带来盈利的衡量指标才是有效的。我们总会忍不住去衡量某个事物，只因为这个事物易于衡量。因此，不管衡量难易与否，我们必须将衡量的对象定位于重要事物。“并非所有重要的事情都是可计量的，而且所有能计量的事情也并非都是重要的”，这是爱因斯坦的忠告。借助最有价值的衡量指标，我们能够随时发现机会，找出问题，从而不断创新，不断走近自己的愿景。

正是基于这样的观念，科氏工业的养老金管理开发出一系列指标，显著提高了养老金资产的盈利性。利用这些指标，我们可以每天对养老金资产组合的风险水平进行监控和预测，并在第一时间确定具体的可承受风险水平。不管处于何种原因，只要市场波动率达到某个水平，我们就可以在 24 小时内进行调整，从而将整个组合的风险水平降低到可控范围。

在 2011 年美国国债被下调信用等级并出现违约征兆后，我们迅速将美债投资的仓位削减 30%，大大降低了我们的投资风险。从绝对意义上说，要把握市场变化的精准时间当然很难，但只要理解决定全球股市动向的关键驱动因素，并据此做出迅速响应，及时调整投资组合，依旧可以创造不菲的价值。2013 年，我们通过这种调整，将投资回报率提高了一倍多。

对于一个成功的组织而言，不仅要衡量和理解资产、产品、战略、客户、合同的盈利性，以及决定盈利的动因，还应覆盖所有可衡量的对象。

在收购英威达时，该公司还没有针对工厂或产品制订利润考核指标。这导致公司的运营及资本决策缺乏合理的依据，也无法精准确定客户的盈利性。此外，它还导致业务负责人过分看重收入，因为收入毕竟是为数不多的可衡量指标。最终的结果就是亏损产品泛滥。至于管理费用如何在各产品线之间分摊，负责人更是一无所知。实际上根本没人对费用负责。确定内部转移价格①完全依赖固化的公式，这样的机制显然无法激励员工追求公司总体价值的最大化。

对此，我们立即针对英威达制订了利润考核指标及市场化

①transferable price，跨国公司根据其全球战略目标，在公司内部销售商品和劳务的价格。又称划拨价格。——译者注

的转移价格，从而让公司损益表和资产负债表中的每个数据都能找到对应的负责人。领导者可以随时通过这些指标发现哪些业务出现了纰漏，哪些业务亟待重组及其原因，以及哪些业务运行良好，需要加大投入。

此外，英威达还陆续制定了其他指标，这些考核指标在公司发展中发挥了重大作用。目前，这套指标能够跟踪影响产品及原料价格的所有因素，包括供需关系、定价机制、贸易流、成本动因以及替代产品的价格和成本构成等。这些指标不仅改善了公司的定价机制，也加深了员工对内部基础设施投资重要性的认识。

企业领导者必须不断跟进行业变化，并随时了解本企业的业务范围是否有随行业变化而不断完善，并在这一点上保持领先地位或者至少不落后于竞争对手。企业领导者在市场份额变化率、成本下降的速度、收入的利润率以及来自新产品的利润贡献率等指标上，均可实现这种比较。

衡量业绩时，我们对正确性的强调往往要高于对精确性的强调。在这里，我们用“准确性”一词表示创造价值的正确性程度；而“精确度”指的是接近完美的程度。但我们都知道，完美往往是阻碍进步的头号敌人。

如果我们获取信息的详细程度超过合理决策所需的标准，那么，我们往往就是在浪费资源。在评估投资机会时，不必要的细节只会分散我们对关键动因的重视。任何人不可能对结果做出精确预测，因此，试图精确预测结果，比如将财务投资项目的收益率预测到小数点后几位，无疑是徒劳的浪费。更糟糕的是，这种尝试有可能带来一种错位的自信心。

由于我们总是习惯性地紧盯着需要衡量的对象，因此，错误的衡量对象不仅是对宝贵资源的浪费，也是对价值的破坏。最典型的例子就是我们总会试图削减所有成本，而不只是削减被浪费的或是不会带来任何利润的成本。如果你的唯一目标是减轻体重，那么截掉一条腿就可以立刻实现这个目标，但这样做对你显然没有任何好处。

仅仅是为了降成本而降成本，不仅目光短浅，而且会浪费资源，甚至给企业未来的盈利能力造成巨大伤害。很多企业试图通过削减成本促销特价商品，却因此大大削弱了商品的盈利能力。例如，为了抢占市场，很多快餐连锁店不得不采用廉价劣质的原料。然而，他们似乎忘记了客户最看重什么，一心只想着以廉价的原料和产品换取市场份额，人为制造利润增长的海市蜃楼。用泥土做成的饼自然比巧克力饼便宜得多，但对饥肠辘辘的客户来说，它没有任何价值。

尽管业绩衡量应该做到定量化，但定性和非显性因素同样需要考虑，因为它们也是形成创新性洞察力的关键因素。因此，企业的领导者应该不断地反问自己：“决定价值和成本的关键性因素是什么？我们应如何不断改善企业的竞争地位？”

我们既可以为客户提供低成本的商品和服务，也可以选择为客户创造更多价值。在科氏工业，我们发现，当某个产品面临削减成本和为客户创造价值的双重选择时，“成本—价格—价值”（CPV）三角形有助于我们做出更合理的比较与衡量。

《竞争战略》（*Competitive Strategy*）的作者迈克尔·波特（Michael Porter）指出，企业追求竞争优势的方法有两种：一是将自己打造成低成本的制造商，二是通过产品差异化赚取更高的溢价。CPV 三角形（见图 8.1）可以帮助我们了解这两种方法的运行方式。

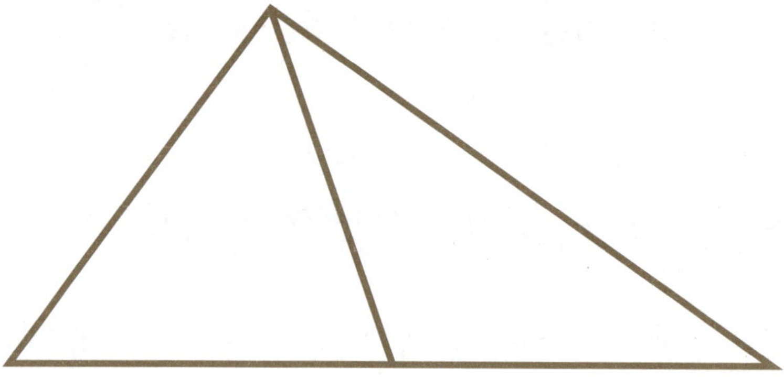

图 8.1　CVP 三角形

对一个拥有成本优势的厂商来说，杜绝浪费始终是重中之重。要做到这一点，就要以基准利润率作为衡量标准，衡量并审核每项活动、每个流程、每个人、每件产品和每项资产的盈利性。在其他因素不变的情况下，如果利润率在成本下降后也随之降低，那么，我们就可以认为，被取消的对象并非浪费。

在我们为增加利润而削减成本时，必须综合考虑边际分析与衡量指标、机会成本、严谨的分析以及合理判断等因素。这会帮我们确定某件事情是否值得去做，正如彼得·德鲁克（Peter Drucker）所说："对于本不该做的事，即便以极高的效率完成，也将毫无意义。"

产品差异化源于对客户当下价值取向的了解以及对其未来价值取向的预见，这也是另一种类型的知识流程。基于这种理解，厂商必须持续创新，开发出价值远超于竞争对手的产品和服务。为客户创造更多价值并从中受益，必然会让交易双方同时受益，这种双赢的结果就是良性利润（需要明确的是，客户对产品的评价取决于他们的主观价值）。

CPV 三角形显示出自由交换如何让买卖双方基于各自的预期而受益。卖方的预期利润是产品价格与成本的差额，而买方的预期利润则是产品的价值与价格之差。价格不仅要将价值在买方和卖方之间分配，还决定了交易最终会不会发生。如果产品的价格低于潜在厂商的生产成本，往往意味着它们不会继续生产这种产品。如果产品价格高于潜在买方对该产品的价值判断，就不会发生这项交易，自然也不会为交易双方创造任何价值。

采取产品差异化战略的企业更少地受制于竞争对手的行动。价格不再是决定交易能否发生的唯一变量，在很大程度上，还要取决于客户是否愿意为厂商额外提供的价值支付溢价。

通常，供应商应着力成为积极的价格探寻者，而不是消极的价格接受者。要做到这一点，最好的办法就是以难于模仿的新方法创造价值，让创新者最早享受大部分超额价值。这样既符合供应商和创新者的利益，也符合客户的利益。它能激励供应商继续创新，因为按照创新和破坏的原理，供应商占有的超额利润会随时间而减少。

边际分析

边际分析要回答的问题就是，“再多生产一件产品，再增开或关闭一座工厂，再扩大或减少一笔投资，会带来多大利润？”其实质就是权衡具体变化的成本与收益。我们之所以称之为“边际”，并不是因为它不重要，而是因为它属于增量，发生在原有利润的边缘，是对最初利润的增减。边际分析考察的是特定变化的成本和收益。因此，与整体分析或平均值分析相比，边际分析通常更为强大。

大多数决策都应采用边际分析法。这需要理解边际成本、边际收益与非边际成本（如沉没成本）、非边际收益之间的不同之处只有将决策建立在适当的边际利润基础上，企业才能不断强化其盈利能力，杜绝浪费。对不同的决策而言，对“边际”的定义可能相差很大。

如果利用闲置生产力多生产一批产品，其边际成本（可能与平均成本相去甚远）就是由此增加的成本，以及这批产品对市场的全部影响。然而，如果多生产一批产品需要增加额外的产能，就必须把新的投资、增加的运营成本也考虑在边际成本之内。

为了增加产能而增加的投资和成本往往不被人们重视，尤其在扩大生产时，企业还要应对因为复杂性和规模扩大而增加的成本，但这些投入似乎没那么重要。在决定如何处理不盈利的工厂时，我们可以通过边际分析，比较该工厂继续运营和关闭、出售所带来的净现值。如果运用得当，边际分析将成为不可或缺的评估工具。

对标管理

除了边际分析之外，另一种有助于消除浪费的衡量指标是设置评估基准。实际上，这是一个识别、了解并采纳全球最佳实践的过程，可以通过多种方式完成参照标准的设置：不管开展何种业务，我们都可以学习公司中最优秀的个人或部门（内部学习），业内最优秀的企业（向竞争对手学习），还可以学习全球各行各业最优秀的模范(向世界一流公司看齐)。除此之外，分析维修、销售、运营、信息技术及会计等特定部门的卓越绩效，也是了解并实现最佳实践的方法。

在评价 GP 公司的卫生纸业务时，我们不仅与其他综合性大企业进行了成本比较，还与成本最合理的专业型（如用纸浆生产私人品牌卫生纸）厂商进行了比较。寻找最佳实践的榜样不分内外，无论是在公司内部还是外部，乃至整个行业，都可以成为我们寻找榜样的源泉。

有效的基准评估需要客观性，因此任何比较都要求诚实。尽管这种客观性有时很折磨人，但它却是理解现实与目标之间差距的基础，也是缩小乃至消除这种差距的关键。

信息往往很难获取，但无论是与最大竞争对手比较，还是与增长最快、盈利最高者或是价格最低者比较，信息的作用都至关重要。在发现比我们更优秀的对手时，不应将对方的优势归结为不可控的因素。这种自我保护性的思维很可能成为灾难，因为它给我们的无所作为提供了最好的借口。要克服这种思维定势，不仅需要我们承认自身的不足，还要求领导者面对问题时不逃避。

除此之外，另一个通常不被看成评估基准却拥有同样功效的衡量方法，就是对比实际绩效和理想绩效。这种方法更适用于采用运转率、产值和能耗等指标衡量的有形过程。理想绩效与实际绩效之间的价值差距，可以反映各业务需要改进的优先顺序。

应该注意的是，在衡量指标这个问题上，我们始终不推荐采用预算。在科氏工业，我们经常会发现，将预算作为管理工具在大多时候毫无用处。实际上，如果任由预算引发不当动机，如根据预算完成情况制订基础奖金（因为按预算完成项目往往并不意味着创造真正的价值），就有可能成为绝对的反生产力因素。当然，如果将预算当成以合理基准为基础的目标，那么它同样能成为很有价值的工具。

利润中心

企业最清楚应在何处以及应如何围绕利润中心创造价值。归根究底，企业中任何影响财务报表的构成部分，只要涉及产品、价格、客户、供应商和资产，都可以形成利润中心。有关这些环节的财务报表必须反映其经济活动，但永远不要忘记：在衡量利润和亏损时，还要分析造成利润和亏损的动因。

在组织基层识别并创建有效的利润中心指标，可以带来明显的竞争优势。比如，它可以让企业计算出每个客户的盈利性，而在企业按销售量等指标均摊成本时，要精确做到这一点绝不可能。低销量客户尤其值得关注。如果考虑到销售费用，不同产品型号导致小规模生产以及对额外库存的需求，那么这些客户往往需要企业付出较高的成本。因此，只有通过客观分析，才能确定满足这部分客户的真实成本。

理想情况下，每家工厂及其各部门都应通过合理的指标计算其盈利能力。如果工厂同时生产一种以上的产品，就应跟踪每种产品的盈利性。当企业向外部出售产品或服务时，价格就是对其经济现实的客观反应。

当产品用于企业内部时，其转移价格也应反映出市场价格。如果市场没有流动性，而且某种产品边际产量的买卖价格存在巨大差异，那么，转移价格就应该设定在两者之间，通常取两者的平均数。如果不能以合理的内部转移价格对盈利性做出准确计量，自然也就不会做出合理的业务决策。

以生产成本为基础的价格机制进行产品转移，往往会带来错误的利润信号和经营决策。这就如同政府给一家公司提供补贴，而对另一家公司置之不理，这种做法必然扭曲市场机制，造成资源浪费。如果没有任何站得住脚的理由，比如维护知识产权、创造规模经济等，那么企业要求部门内部采购的做法只会造成浪费。

如果企业只是以这种粉饰利润的做法拯救陷入危机的业务或工厂，那么由此造成的危害必然得不偿失。如果某项业务无法创造利润，甚至会对其他业务造成负面影响，那它就应该被剥离，而不是依靠补贴苟延残喘。

内部市场可以提供内部信号，这样，企业就可以根据业务的盈利性做出决策，这一点与向外部购买业务没有任何区别。合理的内部市场可以带来知识、引导决策、强化归属感和责任感、激励创业精神，并减少和消除浪费。

利润中心不仅涉及为外部客户生产、出售以及提供产品所需的活动，还包括相应的支持性部门，比如财务会计和信用服务。由于支持性活动的价值创造能力难以衡量，因此，在没有适当监督的情况下，他们往往倾向于追求服务的最大化，而不是利润贡献的最大化。为了最大限度地克服这个问题，我们将这些服务尽可能置于相关业务组织架构下或内部市场中，以利润最大化原则引导这些活动。

随后，我们即可按照评估基准，比较外包业务的质量与成本，估算其盈利性。需要衡量的不只是客户、产品以及资产和支持性活动的盈利性，如第 10 章所述，每位员工的盈利能力都需要衡量。在具体操作中，可以通过跟踪员工的全年贡献值（贡献值可正可负），以及年度全方位绩效评价，衡量每位员工的表现，而且这种评价应来自与该员工工作关系最密切的个人，其中既包括领导者和同事，也包括下属。

挑战流程

奉行自由贸易的国家，往往能够造就全方位发展的人才。在公司内部，言论自由同样有助于信息交流，点燃创新和进步的思想火花。言论自由本身就是最重要的知识流程。在企业内部，如果压制或扭曲沟通过程，就会不可避免地影响知识的数量和质量，最终导致所有人（除彼此处于竞争状态）的利益都因此受损。

知识分享与创新同样重要。组织必须在各个方面积极征求和分享各种观点与计划，并充分地展开讨论，提出质疑，这对一个组织的成功至关重要。

任何人都不可能无所不知、无所不晓，不可能拥有能做出最佳决策或得到最优发现所需的一切知识。知识是分散的，而且形形色色、五花八门，因此我们需要以切实可行的方法，确保在做出重要决定前拥有相应的知识。

在工作场合，如果推行彼此尊重和相互信任的工作文化，员工就会积极分享自己的观点，主动向他人寻求最佳知识，从而提早预见问题，尽快解决问题。令人难以忍受的不合理规范、官僚化、制度、流程、职位高低、知识封锁、自大或是层级观念，都会阻碍这种交流，使知识分享受到限制。

领导者必须意识到，自己的一言一行都会成为他人效仿的模板。因此，当这种示范具有负面作用时，就可能阻碍整个组织的发展。多年以来，我对亏损的负面反应，这也让我们丧失了很多机会。在 20 世纪 70 年代，科氏工业在航运业务上损失惨重，我对此一直耿耿于怀。因此，在此后的十多年里，我们的员工也基本上从不考虑航运业务的机会。

显然，我并没有表达清楚自己的观点：错误不在于我们参与了航运业务，而在于我们参与的方式不对。这充分说明，一定要确保所有人都能理解你真正批评的对象是什么。

在科氏工业，真理就是在实践中取得的、经得起检验的、不由强权者独自判定的结论。不断质疑，集思广益，寻找更好的方式方法，就是我们所说的"挑战"。我们必须把挑战看成不断学习和进步的机会，而不是否定别人观点的手段。领导者应该积极鼓励这种挑战，通过开放式问题发散员工思维，比如"我们在这里忽略了什么？"或者"是否有更好的办法？"

挑战的质量取决于你是否有勇气、有意愿用尊重的方式质疑任何人（即使 CEO 也不例外）的理念、观念、建议和行为。挑战者既要客观求实，又不能缺少智慧和技巧，因为挑战的最终目的在于以建设性的精神寻求完善，而不是因为"和我不一致"就一味反对或打击。此外，挑战者还需阐明自己的质疑是就事论事，而不是针对任何人。

我们将正式的挑战称为"挑战流程"（Challenge Processes）。

在挑战流程中，最有效率的形式就是头脑风暴。参与者应包括有可能对讨论结果有重大影响的各职能部门及业务机构，如业务管理、销售、运营、供应、技术、业务开发和公共关系等部门。此外，讨论会也可聘请知识渊博或者观点有益的外部人士。

要取得最优效果，就必须保证挑战流程的参与者拥有不同观点、不同类型的知识和技能。这种多元化和多样性不仅是实现创新并达成最优决策的关键，而且对公司、员工、客户和社会也最有意义和价值。

此外，设计方案和领导模式的质量对挑战流程发挥有效性至关重要。在领导者的指挥下，借助适当的平台，合适的参与者共同应对一个定义清晰的问题，这样更有可能取得重大突破，让原本难以克服的顽疾迎刃而解。

合规审计是一种更为正式的挑战流程，由来自组织内部或外部的法律，或合规事务专业人员执行。有些人可能会对这种审计产生抵触情绪，因为他们觉得自己的安全受到威胁，或是担心自己不被信任。实则不然，我们应该把合规审计看成一次学习和改善的机会。你是愿意通过审计提早发现问题，还是"不撞南墙不回头"呢？

要从内部推动创新和破坏，就不能允许任何事情或任何人免于挑战。下至一线负责人，上至公司 CEO，都必须努力营造一种接受挑战、拥抱变革的开放式氛围。如果你发现自己的观点很少受到质疑，这极有可能是因为你给别人留下了一种不欢迎挑战的印象。各级领导者不仅需要以开放的胸怀对待挑战，还要主动寻求挑战，并对那些勇于质疑的挑战者给予真诚的感谢。

不管对待何种问题，都应遵循不伤及企业利益的原则。因此，无论你在企业中身居何位，都应积极寻求不同的知识和见解。更重要的是，我们还要主动与每个受益者分享自己的知识和见解。当挑战流程的每个参与者都接受"MBM 指导原则"并专注于创造价值时，必将为我们创新探索提供一种强大的工具。

知识与价值创造

回顾本章开篇提到的癌症研究问题及其所包含的知识流程，我们不妨再设想一下，如果研究人员的决策建立在瞻前顾后、自我保护、自私自利甚至是不良动机的基础之上，他们的决策又能给癌症患者带来什么结果呢？

如果决策的依据本身便具有破坏性，其结果将是大多数人都不愿看到的。知识流程需要的是经济学和严谨的思维，讲求逻辑和证据，只有这样才能达到预期结果。每个人都应向外界表明他所采用的思维模式，并做出清晰的阐述。就像爱因斯坦所说，始终坚持"凡事应该尽量简单，直到不能再简单为止"。形式优雅而复杂空洞的思维模式、毫无观点的论证，以及不会带来任何盈利性结果的观点都毫无价值，因此决不能让形式凌驾于内容之上。

自由社会为人们表达自己的价值观以及如何满足这种价值提供了最有效的环境。同样，在公司内部，知识流程也可以发挥自由市场的效力，创造出更多有益的知识。

我们总能找到更有效、更便捷、成本更低的方式，为公司、客户乃至整个社会创造更多价值。价值创造需要良好的经济思维，并尽可能对盈利性予以衡量，积极主动地寻找和利用知识，拥抱挑战，并合理运用经过实践检验的工具及思维模式。所有这一切，都是打造卓越的知识流程不可或缺的基本因素。

在科氏工业，我们始终强调，每个决策的制定者，都应是那些拥有相关领域最佳知识的人。更确切地说，决策应该由拥有比较优势的人做出，这也是下一章讨论的主题。

第9章

决策权：组织内部的产权问题

人们更关心私有财产，而很少关心公共财产……当他们认为有人照料某个公共事物时，就会对自己的职责置若罔闻。

—— 亚里士多德

在剑桥大学攻读硕士时，我曾和两位同学在特洛布里奇租了一套公寓。通往公寓的路没有一条是安全的，社区环境非常恶劣。有一次夜里步行回家时，我甚至逃脱了一次抢劫。住户需要带着垃圾，经过建筑物一侧的消防通道将垃圾扔到胡同里的垃圾箱。然而有些懒惰的住户会将垃圾直接扔到消防通道，以至于过不了几天消防通道就被塞得满满当当。

即便有些讲卫生的租户不想随意处置垃圾，但堆积如山的垃圾堵塞了他们去往垃圾箱的胡同。胡同不属于任何人，也没人有能力阻止其他人乱丢垃圾。这就是公地悲剧（Tragedy of the Commons）

的典型写照。公地悲剧的概念由加州大学生态学家加勒特·哈丁（Garrett Hardin）首次提出。他描绘了牧民在公共牧场放牧时发生的情形，而这个共享的牧场即为公共财产。

理性的牧民会追求自己的利益，于是就将尽可能多的牲畜赶到公共牧场吃草。如此一来，他将这些牲畜卖掉后，得到的收入全部归自己所有，而且无需为公共牧场承担任何损失——直至牧场上的草被牲畜吃光。

此外，每个牧民都没有对牧场从长计议的想法，因为他们都知道，即使自己不过度放牧，也会有别人这么做。此处最关键的一点在于，如果所有人都没有从保护资源中获得收益，就不会有人对资源负责。资源也必将因此而被无效利用或过度使用，直至枯竭。

在现实中，很多问题的出现或商机的丧失，罪魁祸首都可以归结于公地悲剧。出现问题的原因是对公共领域没有明确的责任界定，或者根本没有责任归属。在科氏工业，我们以决策权来复制私有产权给社会带来的好处及责任。就像在科氏，我们把每位员工都当做企业家一样，我们把决策权视为组织内部的产权。

在现实世界里，公地悲剧让我们看到了一个令人痛心疾首的残酷案例，那就是发生在2010年墨西哥湾的深水地平线（Deepwater Horizon）钻井平台漏油事件。事故起因是位于梅肯多区的一口海上油井发生井喷并引发了爆炸，该钻井平台由越洋钻探公司（Transocean）拥有和运营，为英国石油公司（BP）提供钻井服务，当时有几名来自哈里伯顿石油公司的员工提供技术支持。

这次事件导致 11 名钻井工人遇难，数十人受伤，而且最终给深海生物和环境造成了惊人的破坏。在灾难发生当日，英国石油公司 CEO 似乎对罪魁祸首已深信不疑。在接受 CNN 采访时，他声称："对海上钻井平台安全承担责任的应该是越洋钻探公司，钻井平台、设备和工作人员都是他们的人，制度和安全控制流程也由他们制定。"

如果合理设置决策权，这场爆炸或许可以避免。在涉事的三个不同机构以及所有聘用人员之间，阻止非安全流程的责任和权力到底应该交给谁呢？如果英国石油公司在决策时就意识到风险的程度和发生几率，这场爆炸还会发生吗？

正如本章开头所引用的亚里士多德的名言："人们更关心私有财产。"因为资源所有者不仅要利用其实现收益，还要承担相应的责任。如果任何人都没有该资源的所有权，或者所有权不清晰，那么必然会导致资源浪费。

如果不能明确界定责任范围，就很难，甚至不可能引发有意义的主动行为，也不可能让犯错者承担责任。如果资源所有权不够清晰或者干脆无人拥有，那么，也就没人对这种资源的有效使用负责。

在 MBM 中，决策权的内涵等于权力。如果你掌握某件事的决策权，那么你不仅有权决定这件事，还要对此事及其造成的结果负责。

在市场经济中，客户是如何使用财产的最终决定者。如果你能很好地为客户服务，他们就会奖励你，反之则会放弃你。如果一个资源所有者能满足客户的需求，那么他的产权就会不断增加，否则，他的产权就会不断萎缩。如果你能最有效地运用产权满足客户需求，你的产权就会不断强化，否则就会不断削弱。

决策权的基本原则同样如此。最重要的是，我们需要意识到决策权的范围比产权更有限。财产和利润的所有者是公司，而非员工，但员工对公司存在一种受托职责，这种职责应成为所有决策的主导。这样，我们就可以把职责视为合同的一部分。正因如此，科氏工业的员工的决策权必须遵循“MBM 指导原则”，其中也包括为公司创造价值的职责。

和存在于社会中的产权相似，组织中的决策权也可以细分，并最终形成诸多不同的形态。在日常工作中拥有广泛决策权的员工，可能在运营、资本开支或其他员工相关事务方面的权力十分有限。另一方面，其他员工的主要责任就是保证这些开支受到严格控制，并能实现预期收益。

决策权能反映员工的比较优势。如第 4 章所述，在相同时间、相同机会成本的条件下，如果一名员工所创造的价值达到最大化，那么这些活动就是展示其比较优势的证据。如果将团队中的每个人都配置到符合自身比较优势的岗位上，那么整个团队的价值创造能力就实现了最优化。

这个道理在销售人员身上表现得最为淋漓尽致。尽管有些销售员可能非常善于销售分析，但实际上，销售工作才是他们利用时间的最佳方式。因此，将这些销售员解放出来，让他们集中精力从事销售工作，然后让其他在技术上符合要求的销售分析师去做分析，这就是一个充分发挥各自比较优势的典型案例。不管身居何位或是扮演何种角色，如果一位员工只从事自己具有比较优势的工作，且始终能做出合理决策，他们的决策权限就会不断扩大。

将决策权交给在相关方面拥有比较优势而不是这个方面最优秀的人，将带来更可观的价值创造。对那些专业技术高超且习惯独揽大权的人来说，这必定难以接受。

很多医生会营造一种有利于知识分享的氛围，让护士、治疗师及以及护理人员更好地发挥各自的比较优势。在这样的氛围中，医护人员和患者都能从中受益。

将决策权交给拥有比较优势的员工，显然有悖于等级制度的决策权。如果组织强调职位和血统而轻视能力和结果，那么它所做的很多决策都无法取得实际效果。我们对待决策权的方式，也是 MBM 让我们区别于其他公司的重要标志之一。

决策权在 GP 公司的应用

在科氏工业收购的公司中，决策权始终是实现改进和完善的重大推动因素。其中最有说服力的案例就是对 GP 的收购。科氏工业让 GP 彻底摆脱了以收入等级和工作职能为基础的决策体系，即只有已被批准且在预算范围内的事项才可以执行，其他事项必须按部就班，通过程序的层层审批。如今，我们将决策权建立在比较优势的基础上，而不考虑预算如何。

与很多公司一样，GP 固有的“命令—控制”结构也不鼓励挑战领导者的权威。我们打破了这种严格的等级制度，让领导者不再是孤家寡人，凌驾于其他员工之上。

在被科氏工业收购时，GP 高层管理者的办公室坐落于亚特兰大一座 51 层写字楼的最顶层，并享有专用直达电梯。尽管公司其他部门规定员工可着商务休闲装，但如果没穿正装上衣或没打领带，任何员工未经允许不得上楼。于是，那些经常会被叫到 51 层办公室的员工，都会在自己的办公室里放一套正装。

为改变管理层高高在上、可望而不可及的形象，科氏工业要求这些负责人带着各自团队搬到楼下，并将 51 层改造为对全体员工开放的会议室。这个象征性变化极其重要。我们强调，敢于质疑上司的任何错误，或是以更合理的解决方案挑战他们的权威，是每位员工岗位职责中最根本、最主要的部分。在科氏工业，领导者必须鼓励和欢迎任何来自员工的挑战。

在 GP 被收购之前，职位的安排基本取决于资历和谱系。在科氏工业与员工讨论角色、职责和要求时，我们看重的是他们的比较优势。因此，我们废弃了繁琐复杂的工作职位描述以及其他毫无意义的衡量标准。现在，每个职位的职责和要求都清晰、简洁、明确。

要领会和行使这样的决策权显然需要时间，因此，我们对 GP 的改造历经数月，中间穿插了深入的大规模培训课程。以往的收购经验告诉我们，收购后立即改变职责权限往往会招致混乱，在某些情况下，甚至有可能导致项目、行动停顿，或是破坏性拖延。

我们还对其他决策权类型进行了迅速调整，这样就无需再以既定预算作为批准资本开支及薪酬激励的标准。

现在，决定结果的是每位员工的决策好坏及决策等级。一般情况下，预算不再是控制决策的工具，每个决策都相互独立，具备自身的特点，不会对其他决策造成影响。

随后，我们将公司的全部信贷决策授权给 GP 的信贷部门，这与以前的工作方式大相径庭。此前，尽管信贷项目的限制条件由信贷部门设定，但业务部门却有权在不经对方同意的情况下推翻信贷部门的决策。这种无视信贷权限的做法，不可避免地会引出没有盈利的信贷决策。

随着业务部门开始与信贷部门展开合作，分享各自的观点和知识，GP 不仅增加了考虑风险条件的全面性，也提高了信贷决策的盈利性。

未改革前，大多数信贷部门不会因带来净收益而得到奖励，却会因为造成损失而受到处罚。因此，对于达到既定违约风险水平的贷款申请者，他们通常会拒绝。

科氏工业则鼓励信贷分析师敢于承担风险，只要利润足够高，就可以为贷款提供依据。特定产品的利润越高，我们敢于承受的信贷风险水平也越高。

在 GP，信贷部门绩效还有另一项改进，就是按决策对业务盈利能力的贡献度为团队成员论功行赏，而不是只在其规避损失时给予奖励。

在自由社会中，一个利用其产权为客户及社会创造价值的企业家总会得到回报，同样，在决策权明晰、有效的环境下，一个英明决策的制定者也应受到相应奖励。

决策权的优化

随着我们将 MBM 的“决策权”维度落实到全公司，科氏工业的创新速度大大加快。不论企业规模大小或从属哪个领域，对决策权做出清晰的定义并建立在比较优势的基础上，必将造福所有企业。

具有竞争优势的创新要求我们专注于最佳机会，深入了解每位员工，并将合适的人安排到合适的岗位，有效地开展试验与探索，迅速而高效地加以普及，并积极寻求短期与长期突破性创新之间的平衡。

换句话说，按照创新的本质属性，我们需要不断讨论和调整，以动态方式应对决策权问题。

对于有原则的企业家，如果提供的产品或服务带给客户的价值多于其他厂商，那么，他们就获得了良性利润，进而赚取了财富，否则他们就会遭受损失。这种方法的社会职能显而易见，即通过持续不断的财产转移，让有能力利用这些财产改善他人福祉的人成为财产所有者。

路德维希·冯·米塞斯指出：“谁应该拥有哪些财产，谁应该承担哪些工作，一切由市场决定。所有决定都并非一成不变，相反，它们几乎每天都在变化。同样，按照决策权的最优配置，权力也应不断转移给能利用其为公司创造良性利润的人。”

决策权的上移和下放

与问题或过程的相关程度并不能作为判定谁才是最佳决策者的依据。在以知识为动力的快速变革时代，自上而下的决策方式其低效和弊端已人尽皆知，饱受质疑。

的确，集中的“命令—控制”式企业管理模式面临着与计划经济相似的诸多问题，也就是说，它不能以本地化知识解决最迫在眉睫的现实问题。此外，尽管企业需要充分调动全体员工的思想及创造价值的能力，但完全的分散式决策也有其局限性。在需要以更全面的视角看待问题时，地区层面做出的决策可能不适合整体。

无论是统一的集中式决策，还是高度分散的决策，任何刻板僵化的决策方式都不正确。比如，针对如何实现炼油厂日常运行的最优化，最合理的决策者往往应该是现场的工作人员。另一方面，远离一线却拥有渊博知识的员工，则有可能更适合确定未来 5 年盈利性最强的产品组合（企业需要在这段时间完成设计、获得政府批准以及建造新产品加工线等准备工作）。

不过，启动或解决法律诉讼等事宜，往往需要集中式决策。我们发现，对于个别车间或经营单位的负责人来说，他们很少能预见诉讼的第二、第三效应对科氏工业整体层面造成的影响。

同样的道理也适用于 IT 平台。如果每家工厂都选用自己的

IT 系统，实现总体业务最优化的几率就很小。关键在于，决策的制定者不应是离问题最近的人，而是拥有比较优势和最佳知识的人。

谁应该成为决策者很重要，但如何配置决策权同样重要。尽管我们的业务部门在涉及核心能力领域时拥有决策权，但最低绩效标准的设定者却是来自公司总部的少数人。他们在整体层面为公司提供指导和支持，尤其关注那些可能给公司带来负债的决定。

最低绩效标准的设定权掌握在少数人手里，包括 MBM、卓越商务、卓越运营、人力资源、法务、税务、公共关系、会计、出纳、信息技术和风险管理等职能部门。在这些部门中，潜在职责最大的当属合规与 EH&S 事务（环境、健康与安全，是卓越运营部门的一个分支）、法务、税务及公共关系部门。

设置整体绩效标准很重要，否则就可能发生某些危及其他业务的行为。更具体地说，总部层面不会直接告诉业务部门如何处理具体问题，但是会防止他们设定的标准低于科氏工业的最低标准。我们也正是利用这种方式，确定 EH&S 标准、商业合规范围、项目税收事项审查、财务会计及控制系统工作方式。

如上一章所述，我们将内部市场作为优化决策支持性服务的解决机制。作为内部组织，科氏工业业务解决方案部门（KBS）的职责就是为业务部门提供原本没有的支持性服务，如 IT 基础设施、人力资源的事务性服务以及基础设施管理。科氏工业的各业务部门自主决定是否接受 KBS 的服务。

需要注意的是，如果允许你或者你的员工接受或拒绝来自本公司其他部门的服务，你会做何决定？

服务的非强制性，也是 KBS 一直取得成功的基础。某个业务部门可以选择使用 KBS 提供的财产税服务，而其他部门可能会选择独自处理这项业务。为保证服务的合理性，KBS 必须向公司所有内部客户表明，无论是成本还是质量，它所提供的服务都更具竞争力。相对于外部供应商，KBS 的最大优势在于它的员工不仅接受科氏工业的核心价值观，而且还有着为客户创造价值的强烈动机。

环境的改变可能导致决策权的转移。一个典型的例子就是我们最近针对自有或租赁铁道车辆做出的决定。我们需要超过 1 000 辆车将产品运入或运出各个厂区，在这些车辆中，我们始终将租用车辆的比例维持在 80% 左右。由于评级机构将这些租赁视为高成本债务，再加上我们自身流动性的改善和借款利息的降低，所有因素合在一起，促使我们重新考虑车辆的持有问题。

因此，每个业务单位的车辆租赁决策权（即决定车辆是租赁还是购买）被转移给财务部。由于知识流程已充分考虑持续性债务，因此，我们将租赁铁道车辆的比例减少到不足 30%，也让增加的投资取得了良好的收益。

另一个促成决策权变化的原因，就是我们在新世纪初经历了快速增长期后，内部开始出现欺诈问题。由于我们不断收购新公司，而且原有公司的规模也在不断扩大，所以我们经历了一场井喷式增长，员工人数从 2004 年的 1.5 万人增加到 2006 年的 8 万人。此时，我们不再是一家拥有共有文化和信任的小公司。我们开始注意到，很多员工做出了令人无法接受的行为，比如做小生意、偷窃存货、对客户给予不恰当的回扣等行为，以谋取私利。

我们的传统业务没办法解决这类问题，因为在科氏工业的规模还不大时，根本不存在这类问题。我们收购的公司采用了根据 2002 年《萨班斯法案》设计的清单及严格约定，这是很多上市公司需要遵循的基本法案。

面对这种日趋混乱的趋势，我们必须采取对策。在我们看来，《萨班斯法案》倾向于将形式凌驾于实际之上。作为很多政府计划采取的典型方式，《萨班斯法案》更多的是依靠比照、核对以及成本高昂的外部审计，而不是依赖于最佳知识。这显然有悖于“MBM 指导原则”。显然，科氏工业需要的是第三条路径。

在 MBM 中，“决策权”维度为我们解决了这个问题。通过实验，我们要求各业务部门独自确定他们需要哪些具体的把控风险的手段，以确保不会出现任何违法事件。由于科氏工业旗下的每家公司都有其特殊性，因此，这种模式可以保证他们找到最适合自己的方法，而不是自上而下地执行不切实际的指令。

在很多（但并非全部）情况下，决策权的运用十分有效。在科氏工业的大多数业务中，欺诈及滥用职权的行为呈稳定下降趋势。然而，有些分公司并未做出有效回应。他们要么无法合理应对风险，要么干脆将决策权推给下属，将工作交给缺乏必要知识的人。在这些公司中，我们目睹了大量的违规欺诈事件。最终，我们不得不把决策权收回公司总部。

不论是在工厂层面，还是在企业层面，确定决策权的合理归属都同样重要。根据第 6 章及本章前文所述，在科氏旗下的工厂中，基于所有权的工作制度能够提高运营效率和降低维护成本，给企业带来巨大回报。在典型的运营结构中，运营和维护的决策权相互独立，有时甚至相互对立。

在科氏的以所有权为基础的体系中，运营者不仅对所有生产设备的运营效率负责，也要对这些生产设备的健康状况负责。因此，这足以激励他们不断培养新技能（如日常维护），提高生产效率及工作可靠性。这个道理适用于所有企业的所有岗位。

在得到批准的前提下，如果员工发起的行动取得成功，就会给他们带来更大的决策权。每个员工都必须展示出对公司贡献最大化所需的判断力、责任心、主动性和紧迫感，并具有经济学知识和严谨的思维能力，这也和公司的风险理念相一致。在坚持原则的基础上采取这种行为方式，实际上就是在践行第

4 条“MBM 指导原则”——有原则的企业家精神。

不论企业规模大小、类型如何，要实现整个企业范围内的价值创造，需要具备两个条件：首先，员工通过个人努力不断争取决策权，而不是自上而下的授权或赏赐；其次，不要把没有授权当成无所事事的理由，尤其在公司面对亟待解决的问题或需要果断把握的机会时，任何人都没有理由袖手旁观。

每个人都有发现问题和以行动解决问题的权力与责任。无论岗位如何、职位高低，所有员工都应提高认识，主动提出解决方案，争取解决问题，把握机会。

如果不能采取关键行动或分享重要知识（这种情况在责任归属不明确时最为常见），就可能造成严重后果，比如深水地平线钻井平台漏油事件。如果企业领导人、运营总监及合规专家都认为应该由其他人负责，导致公司未能向政府按时提交或正确完成规定的报告，会出现怎样的结果？在出现疑问时，各级领导者都应该停顿、思考、提问。

针对某个具体问题，即使没有决策权，也不应放弃发挥企业家开创精神的机会。要知道，最成功的企业家不会因为没有资源控制权就止步不前。相反，在发现机会时，他们会积极说服投资者为自己的创业投资。如果不能说服投资者掏腰包，他们就必须改造企业，直到能吸引投资者出资为止。只有这样，企业家才能避免彻底失败。

和筹集资金的企业家一样，这样的经历同样会让缺乏必要决策权的员工受益。但即使被授予决策权的员工，也有可能草率地放弃从严格审核程序中学习的机会。当员工发现创新或改进机会时，他们也应该像企业家那样，求助于其他有决策权并能从中受益的人。

决策框架

在科氏工业，我们希望员工不仅能合理利用知识分享、挑战流程、逻辑推理和证据，还要用决策框架（Decision Making Framework）获得将想法付诸实践的许可。我们为员工改进决策机制提供了多种工具。

最重要的就是决策框架。设计该框架是为了在考虑风险的前提下做出最优决策，其具体方法是鼓励员工利用最佳知识探索一切结果，发现降低风险和解决问题的最优方案，并设定优先顺序。

决策框架所包括的 8 个元素适用于各类决策。要确定每个元素应该花费多少时间和精力,则取决于决策的性质和复杂性。当然，我们没有必要经历全部 8 个步骤，在某些情况下，并非每个步骤都能创造价值。因此，我们可以根据自身情况采取适当的步骤。

"决策框架"的 8 个步骤

- 简要描述需要获得的权力；
- 说明背景并总结价值主张；
- 列出与企业战略相符的目标；
- 制定附带基础案例的宏观经济规划，找出其他可能影响项目结果的潜在因素；
- 识别决定价值的关键因素；
- 描述关键风险及如何降低这些风险；
- 列出所有可选方案，选出最佳方案并陈述理由；
- 预测未来实施计划的时间进度。

我们不妨考虑一个简单而明显的决策：为保证工厂正常运营，需要替换一台价值 100 万美元的热交换器。如果我们按照处理 10 亿美元收购的方式来处理这个决策，显然不合适。更换热交换器的决策流程只需要前两个步骤，用一小段文字就足以说明争取资金的理由与其中的益处。

对一个合理的决策而言，只需采取必要的步骤，没有必要流于形式，执行不必要的复杂程序。因为那不仅会浪费时间，还阻碍了盈利性决策的制定，压制了创新和创造价值的能力。决策缓慢和负担增加会导致机会无端流失。

切记：完美就是进步的敌人。没有必要用宝贵的时间和资源寻求毫无意义的统一结论，或是试图预测并解决每个有可能发生的问题。按照我们的决策框架，细节的数量和分析的深度不应超过合理决策所需的程度。也就是说，合理决策的重点应该是影响决策成败的关键因素。决策框架的批准者仅限于那些有特定知识、观点和经验的人。当然，他们还要有勇气确保这些假设和关键因素是被合理地识别和挑战过的。

决策陷阱

要有效利用决策框架（乃至通常意义上的所有决策），我们就必须规避决策陷阱（Decision - Making Traps）。所谓决策陷阱，是指所有人都有可能会被其影响的，可预测且系统化的错误判断。我们最经常遇到的决策陷阱包括：

过度自信（Overconfidence）。过度相信自己的预测和评估能力，将难以考虑到各种可能的结果，进而因低估风险而做出糟糕投资，或是因为低估优势而错失良机。过度自信的另一种形式表现为，我们总以为能在最短时间内实现运营的改善，尤其在没有经验或经验不足的领域。

框定（Framing）。即以错误思维框定问题，从而导致错误结论。最常见的表现就是不能以最佳案例作为投资对比的基准案例。英威达的新加坡工厂曾经每年净亏损 500 万美元，为此，我们耗资 1 亿美元改造该工厂，并取得了预期效果——该工厂扭亏为盈，年净收益 500 万美元。那么，我们是否考虑过关闭这家工厂、不投入这 1 亿美元呢？没有，显然我们应该考虑这种做法。我们也和很多公司一样，没有找到最合理的基准案例（后来，我们还是关闭了这家工厂，于是，1 亿美元的投资也打水漂了）。

锚定陷阱（Anchoring Trap）。当无关信息或第一印象给我们的决策带来不利影响时，就会出现锚定陷阱。也就是说，我们总是会对最先接收到的信息赋予过高的权重，并以最初形成的印象、估计或数据锁定随后的思考和判断。比如，领导者在未经深入讨论的情况下便妄下断论。这种先入为主的思维，比如每百万英热单位的天然气价格不会降到 5 美元以下，会导致我们对真正的问题熟视无睹。

维持现状陷阱（Status Quo Trap）。我们经常做出维持现状的决策，而不愿意接受改变或创新。IBM 就是这种陷阱的受害者，它们固守主机业务，而不愿克服心理束缚，探索个人计算机业务。

沉没成本陷阱（Sunk Cost Trap）。鼓励人们将决策建立在已发生的历史基础上，而不考虑未来发展，从而导致决策无法反映经济现实。有人会说，“尽管我们在这个研究项目上投入了大量的时间和资金，但项目并不成功，因此，我们应该尝试新的思路”，这就是典型的沉没成本思维。

证实偏见（Confirmation Bias）。有时候，我们会有意识地优先寻找自己想得到的支持性证据，而对反面证据视而不见。正因如此，我们在 20 世纪 90 年代中期才会为实现“从天然气到面包粉”转型而收购普利纳·米尔斯公司，如此草率的收购行为必将导致严重不利的后果，但我们似乎对此置若罔闻。

近因偏差（Recency Bias）。过分关注巨大、难以忘记的近期事件的营销，比如不可持续的利润，这种心理状态被称为近因偏差。它会让我们对未来发展及长期趋势视而不见。我们曾在 20 世纪 80 年代购置一座钻井平台，因为我们当时坚信油价将持续高涨，但随着原油价格大跌，这座钻井平台也变得一文不值。

将随机性事件与基本规律相混淆。这会诱使我们错误地以为，我们能预测到实际上根本就不可预测的未来。这种心理倾向的一个典型示例，就是错误地假设对天然气的需求将逐年稳定增加，而不考虑气候的波动。

因为某个领导者已经做出了预测，就不再考虑更好的未来机会。20 世纪 70 年代，我们因亏损严重而关闭了船只租赁业务，我对这项业务的操作模式提出严厉指责，但却导致员工不敢再考虑船只租赁业务的商机。

保守陷阱（Conservatism Trap）。员工的个人风险厌恶心理可能会导致他们不愿接受有益于科氏工业总体利益的风险，在这种情况下，他们就无法实现价值创造最大化。

陷阱无处不在，规避这些陷阱的第一步就是要认识它们。我们首先应该清楚，以前给组织带来最大问题的因素是什么，然后在审视每个决策时，首先考虑这个因素，从而避免重蹈覆辙。

劳动分工

造福人类社会的一个重要生产因素就是劳动分工及其伴生的人类合作。与孤立状态下自给自足的劳动相比，专业分工和商品交换能更有效满足人类需求。尽管人类数量急剧增长，但劳动分工依旧大幅提高了人类社会的生活水平。

劳动分工的强大源于人类社会的多元化和自然界的多样化，

并随着私人产权和市场的出现得以延续。人类社会之所以受益于专业分工和商品交换，不仅源于学习曲线和规模经济，还有技能、知识、文化、基础设施、地域、自然资源、土壤和气候的多变性。如果人类社会中的每个人，或是世界的每一处都毫无差异，那么，劳动分工也不可能给我们带来如此巨大的收益。

然而在这个世界上，没有任何两个人会在价值观、知识、技能或是环境意识等方面完全一致，因此，在一个组织中，即便两个员工职位相同，也应该拥有不同类型和不同程度的决策权。我们还应该认识到，由于企业和比较优势在不断变化，所以我们既有可能做出好决策也可能做出坏决策。同样，我们的决策权也需要随着时间的推移而变化。

决策是动态过程，必须保证让最适合的人成为决策者。很多企业错误地以为，应该把决策权交给站在权力金字塔顶端的人。但只有当这个人对某个决策拥有比较优势时，这种做法才无可厚非。我们发现，对那些严重依赖自上而下权力文化的组织而言，要改变这种思维绝非易事。

角色、职责和要求（RR&Es）

在根据比较优势确定决策权归属方面，美国国家橄榄球联盟（NFL）球队的做法值得很多企业学习。首先，教练会根据每个球员的具体能力制定比赛战术。如果球队里既有接球能力超群的四分卫，也有优秀的防守队员，还有出类拔萃的接球手，那么，其他队员就可以在大部分时间里选择传球。如果队员大多善于突破，教练就可以采用更具侵略性的战术。

如果新的四分卫不仅速度快，而且动作灵活，让对手防不胜防，那么教练就可以重新设计战术，增加持球突破的次数。如果相对于持球推进，四分卫身边的护锋更擅长传球推进，那么教练就可以把他安排到四分卫的非持球手一侧。伤病、球员交易以及其他原因经常导致 NFL 球队的阵容极不固定，因此，教练必须经常调整球员的位置。

需要强调的是，角色不等于工作头衔，是对岗位及职责的描述。角色应依赖于职责的具体性质、组织的愿景和战略以及战略执行者的比较优势。因此，角色的设计应符合个人的比较优势，只有这样，才有可能实现员工的价值创造最大化。

很多公司都是通过对任务的传统性分组建立角色，并分配给最匹配的人。这样的角色设计未必与个人能力完全匹配，比如，可能有 2/3 的角色与个人能力匹配，还有 1/3 并不匹配。

如果在一家剧院做业务经理，我可能会干得非常出色。但如果剧院因男高音离职而让我接替这个角色，那肯定会是一场灾难，因为我唱歌跑调。即便让我练几千个小时，让最出色的声乐老师给我上十几堂课，也没有任何作用，因为我根本就没有音乐细胞。这样的尝试只会让我更加心灰意冷，信心大挫，而且肯定会让我痛苦不堪。我甚至会担心，当我站上舞台时，会遭到观众的烂西红柿袭击，更不用说会因此导致公司破产了。不过，如此倒霉的角色配置并非没有，这就如同你想把一个方形楔子钉进圆孔，结果可想而知。

千万不要以一成不变的方式对待员工的 RR&Es，因为这样根本就忽略了个人的比较优势。RR&Es 完全不同于传统模式的岗位描述，后者不过是对任务和职责的一般性汇总，虽有共性，但毫无个性而言。每个员工的 RR&Es 都应以实现价值创造的最大化为宗旨，充分体现个人的比较优势，确保把握每个机会。

企业必须保证每个角色的设计与那个员工的能力相匹配。正如马斯洛所说："人在面对挑战时会将自己的潜力发挥到极致，但超越其能力的挑战只会让他难以应对，被彻底打败。"因此，各级主管都应该定期评估角色与能力的匹配度，确保每个角色与其承担者保持动态匹配。

如果某个角色暂时找不到有能力的承担者，而且在重新设计该角色之后依旧如此，那么，就应该从外部招聘新员工来承担这个角色。只要有人离职，或是有新人入职，就应该重新调整角色，保证角色与现有人员的比较优势实现最佳匹配。

在科氏工业经历的几次重大问题中，究其根本，就是负责人没有按比较优势为员工配置角色。几十年前，科氏工业旗下还只有一家炼油厂，而且这家工厂的原油供给几乎全部来自加拿大。这家炼油厂的供应和运输业务负责人有三个直接下属：第一个人负责原油采购，第二个人负责卡车运输，第三个人负责管道输油。三人表现都很优秀，炼油厂的供应情况始终保持高效充足。

然而，有一次他们之间发生了分歧，总负责人调换了采购经理和卡车运输负责人的职位，将这两个人安排到完全不适合的岗位上。采购经理随即辞职，而后独立开办了自己的公司，并开始抢购我们以前采购的原油，数量每天高达 2 万桶。为了把这个人拉回来，我们不得不以 700 万美元的价格收购了他的公司。经历了这样的失败之后，供应和运输业务负责人离开了科氏工业，这就是忽略比较优势的后果。今天，我们决不允许此类事件再次发生。

科氏工业利用 RR&Es 对职责的一般性范围进行定义，并为特定角色设定相应的要求。实际上，即使是 RR&Es 相类似的两位员工，也可能拥有不同的决策权。权力的决定与 RR&Es 相独立，因为一个人可能会通过实践证明自己是更出色的决策者，或者属于不同类型的决策者。

当一个人必须为自己的决策或行为负责时，“责任”随之产生。在科氏工业，做出决策的人和授权的人，就要为自己做出的决策和可行使的权力承担责任。这有助于建立所有权文化、权责对应以及适当授权的体制，避免出现消极怠工、放弃责任或是相互指责等现象。要保证组织的有效性，每种行为都应该有一个权责明确的所有者，而且他必须为这项工作的结果负责。

RR&Es 需要员工、领导者及其他利益相关者不断沟通交流。每个员工都应保证自己的 RR&Es 符合现实、清晰准确且合理有效。无论员工还是领导者，都有责任保证 RR&Es 以实现企业愿景和贡献最大化为宗旨。领导者需要为下属提供诚实而频繁的反馈，并通过绩效评估帮助员工理解和提高绩效，帮助他们实现预期目标。

由于个人绩效千差万别，因此每个人的权力层级也不尽相同。对于能力尚未得到验证的新入职员工，无论是刚毕业的学生，还是被收购公司的老员工，被授予的决策权级别通常相对较低。只有通过实践展现他们的决策能力，才能得到与之相匹配的决策权。

如果 RR&Es 能得到合理应用，为每位员工量身定制并根据实际不断完善，必将让企业和员工实现双赢。正确的 RR&Es 可以为各项工作清晰划分优先顺序，明确每个人的所有权、职责以及合理的责任范围，并为以成果为衡量标准的薪酬评估提供记分卡。这一过程有助于组织的多数成员随时了解不断变化的比较优势。此外，它也是让每位员工接受所在团队愿景和战略的基本步骤，让他们将有限时间和精力用到最能展现个人能力、实现团队目标的工作上。

最重要的是，RR&Es 有助于公司不断提高决策能力，制定有价值创造能力的合理决策。此外，这个流程鼓励员工利用边际分析和机会成本去自我衡量时间的分配和应用。只有让员工发现不同的工作事务带来不同的价值，他们才能让机会成本较高者投身于最具价值的工作，让其他机会成本较低者从事价值相对较小的任务。

角色往往会引申出众多相关的职责，而这些职责明确定义了赋予这个角色的产品、服务、资产、经营活动以及员工。为履行这些职责需要完成的目标，则体现为 RR&Es 的第 3 个方面——要求。

作为一种书面形式的声明，要求具体描述了为实现企业目标而需要员工达到的结果。要求应该清晰明了，有针对性，并尽可能具有可衡量性。企业关注的应该是结果，而不是创造这些结果所需要完成的任务。

此外，要求还应该具有充分的开放性和挑战性，只有这样，才能不断提升员工所创造的价值，并鼓励员工不断实验和创新。这样的要求显然有助于鼓励员工不断尝试新鲜事物，探索创新。对于任务的优先取舍以及对员工设定的要求，员工与领导者（及其他相关者）之间的充分理解至关重要。一个可衡量的要求才最有意义，即使有时这种衡量可能是主观的、近似的。

人们会倾向于要求设计定式封闭式的（比如每天必须完成67车的装车量），而不是开放式的。开放式的要求不设定装车量的上限，因而有助于鼓励员工尽可能地提高装车量，当然，这样做的前提是保证安全、合规和盈利。

封闭式要求会遏制员工的创新能力，而开放式要求则鼓励员工积极思考，主动参与，不断创新。创新能力的强化，必将不断增强相应的价值创造能力。在下一章中，我们将阐述“激励”在创新和价值创造方面的重要性。

第10章

激励：鼓励合理行为

今天，越来越多的人有了生活的物质资源，却失去了生活的意义。

——维克多·埃米尔·弗兰克尔

79 岁的我，为什么每天要在办公室里度过 9 个小时，然后在回家健身、和利兹共进晚餐之后，还要继续工作呢？当然，我既不是为了还房贷，也不是为了攒学费，因为我们的孩子都已长大成人，大学毕业，家庭圆满了。虽然我过的不是苦行僧般的生活，但追求物质财富从来都不是我工作的动力。

我努力工作的最大动力，就是希望一直过有意义的生活，或者说，过有成就感的生活。我想尽最大可能，让世界因我的存在而有所改变。

我宁愿为了理想而死，也不愿无所事事地度过一生。创造良性利润（即以经济方法获利而非政治方法）就是社会对我所做贡献的认可。因此，它也是我的工作动机之一。

当然，大家可能会说，很多 CEO 的薪水太高了。我同意这个说法，如果 CEO 的个人收入来自企业福利。但如果可以使多方同时受益，我们又有什么理由限制人们努力创造更多的良性利润呢？通过实践有原则的企业家精神获取利润，即以经济方法创造长期价值，那么，公司利益必然与客户、供应商、社区、员工乃至整个社会的利益保持协调一致。

每个公司都应尽可能地运用激励的方法，鼓励员工充分开发和运用自身能力，以讲求原则的方式为公司创造最大化的长期价值。MBM 不会随意为员工的角色、职责和要求设定限制，也不会限制员工能够获得多少奖励。唯一的制约是员工必须以"有原则的企业家精神"创造价值。

MBM 的第五个维度关注如何以有益的方式进行激励，而不至于产生消极作用。就像利润有良性利润和恶性利润之分，激励也分为有益的激励和不当的激励。当科氏工业的员工为公司创造了卓越价值，我们会基于此价值奖励员工本人。

我小时候经常听父亲讲他在苏联的经历，至今仍然记忆犹新。通过这些故事，我很早就体会到激励的重要性——尤其在看到苏联几十年后的没落，这种体会更加深刻。

具有讽刺意味的是，即便是曾宣称利润是盗窃的弗拉基米尔·列宁，为实现理想与目标也要求助于激励。在“十月革命”之后，列宁强迫农民以很低的固定价格将谷物卖给政府。当农民拒绝，政府就会强行没收。

后来，列宁发现这种强制手段并不能达到目的。在 1921 年的党内会议上，他说：“只有与农民达成协议，才能拯救苏联的社会主义革命。”随后，列宁开始推行“新经济政策”，允许农民按市场价向政府出售谷物，这项政策一直延续至斯大林时期。

奖励那些为社会创造最大价值的行为，这样有益的激励机制有助于实现最大和最普遍的社会福祉。采用不当的激励则不可避免地会招致浪费和腐败，让绝大部分人在贫困中饱受煎熬。

然而，很多公司并没有吸纳自由社会以创业和发展为目标的有益激励，相反，他们依赖的是层级制度、一刀切的考核制度或薪酬体系、事无巨细的薪酬计算公式、利润分享以及基于通货膨胀率的薪酬调整工具等，这些方法往往会引发员工的不良行为。

例如，如果公司按照职位高低，而不是创造价值的大小发放奖励，那么，即使有些员工并不擅长领导他人，也会绞尽脑汁地把升职（并增加他们所管理的下属人数）当成唯一目标。按照我们的方法，如果员工创造的价值超过其领导者，他们的收入自然应该更高，而与其职位无关。这类似于职业体育的收入奖励机制，只要表现出色，运动员的收入就会超过教练。

对习惯于等级文化的领导者来说，这样的逻辑当然难以接受。对于希望以职位或资历而非贡献决定薪酬的人，这同样会让他们感到不安。按我们的经验，如果一家公司的企业文化与我们的薪酬制度相抵触，那么，该公司的员工往往不愿接受挑战，因为这会威胁到他们的当前利益。

在科氏工业，大多数员工都希望尽其所能，为自己、公司、客户和社会做出积极贡献。如第 7 章所述，正因如此，我们才必须依据一套清晰的价值观和理念进行人才的选拔。很多公司对价值观和理念缺乏必要的认识，在人才选拔方面也不够严格，招聘结果自然不理想。

更糟糕的是，很多公司甚至奖励有损长期价值的员工，比如自动加薪（如 COLA- 基于通货膨胀率的薪酬调整），以及按头衔、证书、学历、资质或经验，通过一套公式计算薪酬等。这些方法不仅助长了官僚作风，而且会破坏激励和价值创造。我们也不认同按公司既定预算来分发奖金，而不考虑个人创造价值的行为，因为这同样属于不当的激励。很少有人能够长期不受这些不当激励影响。

在科氏工业收购的一些公司里，以预算为基础的薪酬机制会导致员工采取错误的行为，例如，把可在当期实现盈利的机会推迟到下一轮预算周期。很多公司根据职位高低而不是根据个人创造的价值发放奖励，对类似职位采取僵化的的薪酬计算方式。他们将下属员工数量、培训和教育证书、工作复杂程度和职权大小编成一套换算公式，从而得出某个既定职位的薪酬范围。

这种做法往往会压制员工的创新、探索和企业家精神，从而无法创造真正的价值。相反，它所营造的企业文化必然崇尚争权夺利、鼓吹官僚行为、一味规避风险而不争取抓住机会。

在科氏工业，我们不以职位决定收入，而是根据员工的具体贡献和成就给予奖励。马克思精辟地概括了共产主义的分配原理："各尽其能，按需分配"，但 MBM 强调的则是"各尽其能，按贡献分配"。

激励员工追求自我实现

马斯洛指出："每个人都愿意做有意义的工作，不愿做没有意义的工作。对管理者来说，最大的问题，就是如何在组织中营造一种社会条件，将个人目标与组织目标相结合。这包括做有意义的工作，责任、创造性、公平和公正，做值得的事且希望做好。"

马斯洛将"自我实现"定义为个人所能实现的幸福感和快乐感的最高层次。按照马斯洛的理论，一个追求自我实现的人，首先需要满足四项更基本的需求：生理需求（衣、食、住、行和繁衍后代）、安全需求（安全、稳定、保护和秩序）、爱与归属感的需求（家庭、朋友以及社会认同感）和尊重的需求（自我尊重、他人尊重及尊重他人）。一个人只有满足这些基本需求之后，才能真正自我实现。

对那些已经自我实现的人，工作已成为他们自我定义的一部分。他们需要感觉到，自己是在为一项有意义的事业或一家有意义的公司工作，这项事业或工作不仅有益于自己，也有益于他人。

马斯洛说："即使所有基本需求都得到满足，但只要一个人正在做的事不适合他，这个人也会很快感到不满和不安……音乐家必须演奏音乐，画家必须绘画，诗人必须写诗，他们才会感到最大的快乐。有什么样的能力，就应该做什么事。我们把这种需求称为自我实现……它是指一种追求自我实现的愿望。我们可以把这种心理倾向表述为一种强烈的愿望——希望越来越接近理想中的自己，达到自己想达到的目标。"

长期以来，在建立和完善激励机制的过程中，马斯洛的理论让我们深受启发。按照马斯洛的定义，自我实现者是所有组织获得成功的关键，因为他们不仅充分挖掘了自身潜能，也理解和接受了自己和他人的自然天性。他们直面现实、态度积极、富有创造力，能很好地管理自我和解决问题，并拥有良好的人际关系。

MBM 致力于通过聘用、保留和激励那些能够内化并践行 MBM 指导原则、诚实正直、谦虚为怀且希望真正创造价值的人，营造出有利于自我实现的自发秩序。为达到这个目的，领导者必须了解每位员工的潜能及其主观价值。这需要领导者与员工开诚布公、真诚友好地沟通。

对某些员工来说，非财务激励（比如因工作出色而获得的表彰）与财务激励同样重要。需要强调的是，这种表彰必须名副其实。正如马斯洛所说："受到不该得到的赞扬，或是过度夸大人们所取得的成绩，实际上会让他们产生内疚感。"

此外，虚伪的夸奖他人往往会破坏尊重与信任。这个问题在整个社会中日益严重。一个明显的例子就是，如今的孩子们已经习惯了仅仅因为参与某项活动就获得表扬和奖励，而不论其参与结果的好坏。我从未听说，不诚实的反馈能够有效激励他人，但还是有很多领导者想通过言不由衷地夸奖来避免那些困难对话。

科氏工业的激励机制

不管是财务奖励还是非财务奖励，都应激励每位员工充分发挥个人能力，最大限度地创造价值，实现创新，推动创新和破坏。尽管我们永远不可能制定出精确无误的薪酬机制，但还是应该尽可能准确地评估每位员工所贡献的价值，然后据此确定奖励的金额和最佳方式。

在科氏工业，我们采用激励机制将每位员工的个人利益与公司、客户和社会的利益相结合。既然我们致力于通过为客户和社会创造价值而实现盈利，那么在激励问题上，我们的基本理念就是将员工为公司所创造价值的其中一部分支付给员工。我们相信这种做法能够吸引和保留合适的人才，并激励他们成为有原则的企业家。

为公司创造价值里的“公司”是指整个科氏工业，而不是其中某家子公司或某项业务，也不是针对个人进行自我评价所采用的个人记分卡。如果一支 NBA 球队仅按球员的得分论功行赏，那每个球员都会为自己考虑，结果就会导致整个球队一盘散沙，任何战术都无法执行。

按球员对整个球队的贡献进行奖励，是形成有益激励的必要条件。实际上，只要对比球员在场时和不在场时的球队表现，就足以说明一名球员对整个球队的价值。

在我们收购的大型公司中，存在一些与“MBM 指导原则”相冲突的激励制度。比如，很多公司的激励方法高度结构化和公式化，只看重能否满足预算，而无法体现差异化。这种僵化的激励机制所引发的后果是，当企业收益降低或预算不充足时，合理减少激励薪酬变得困难重重。

比如，在被科氏工业收购前，GP 公司的员工收入直接与预算完成情况挂钩。即便企业领导人和管理者商定的利润预算很低，薪酬主要取决于职位和薪资等级，而非个人贡献。即使你业绩超群，也不会得到超过奖励上限的报酬；即使你业绩再差，也不会被清零。

和科氏工业其他公司一样，GP 目前的激励机制也以个人贡献和单位业绩为基础，大大提高了员工的绩效水平，显著改善了整个公司的业绩。

此外，如今奖金取决于员工的边际贡献，而不是职称或头衔，加大了员工之间的收入差异，即便在某些有工会协定的地区也同样如此。所有激励都充分考虑员工对企业长期价值的贡献。基本薪酬是对员工为公司创造价值贡献的预付款，是其总体薪酬的一部分，而不是理所应当该拿的。

激励机制既要充分激发员工的积极性，提高其生产力，同时又要避免不利的后果是一种挑战。因此，激励机制不仅要帮助员工实现价值最大化，还要鼓励员工在创造价值时讲求原则。当然，每位员工的价值取向都极具主观性，影响其价值观的往往是财务因素与非财务因素的综合。非财务因素包括相信自己从事的工作有意义、挑战、竞争、自豪感、认同感、满足感、乐趣、帮助他人取得成功、成为成功团队的一员，以及能否影响未来机遇的个人发展。

公司应将财务因素与非财务因素都考虑在内，为员工提供有效激励。蒙大拿州（Montana）海狸头农场的案例就充分说明了这一点。大多数来农场工作的牛仔并不只是为了钱。他们看重的是生活方式，尤其看重能否与家人在一起工作。

正因如此，在农场的用人政策方面，我们改变了原来不许员工家属在农场工作的规定。除此之外，我们还在农场为每位员工及其家庭建造了住房。这些激励政策帮助我们的农场吸引了一大批有能力、有干劲的员工。

在 MBM 中，最理想的激励是能够最好地鼓励每位员工在其职业生涯中为公司创造最大价值。在可行的前提下，薪酬制度应充分结合每位员工的主观价值，在考虑公司所付成本的基础上，为员工提供最大价值。

在科氏工业，我们的薪酬激励体系绝不是简单、僵化的公式。要判断员工的贡献，我们首先会评估公司当年实现的价值增长——不仅考虑当年的营收利润，还有未来发展前景的变化。

如果可能，我们再去估算出每位员工为公司价值增长所做的贡献，并拿出一部分作为对员工的奖励（需要考虑贡献的难度以及所需技能的稀缺性）。这样一来，我们就可以得出员工的总体薪酬，扣除基本薪酬后便可得到具体的激励性薪酬。

由于科氏工业规模庞大、结构复杂，我们不可能得出精确结果。因此，我们努力通过以下步骤来进行估测：

- 确定员工所在部门创造的价值，考虑其当前的盈利和资本回报率，以及未来的盈利前景——包括能力的改善、竞争地位以及经营风险调整后的创新价值和增长潜力。
- 在深入评估员工为其所在部门创造的价值后（可能是正面，也可能是负面），我们会比较评估结果与该员工的基本薪酬所对应的预期贡献。当员工实际贡献超出预期贡献时，我们会在差额的基础上，以奖金或其他激励性薪酬的方式奖励员工。
- 如果员工在合规或 EH&S 方面出现了问题，也应该承担相应责任。我们会从薪酬总额中扣除相应奖金（如果问题非常严重，公司甚至有可能取消员工的全部奖金）。此外，如果员工对所在部门的文化有重大（正面或负面）影响，其薪酬也会相应增减。

激励性薪酬的上述制定，是为了确保薪酬与我们希望传递的信息保持一致并进一步加强——让员工知道自己所做的贡献，以及希望他们实现的改进。要发挥这种薪酬机制的效力，主管就必须明确告知员工我们薪酬的理念及依据。

做方向正确的薪酬激励（当然永远都不可能做到完美无缺）对于 MBM 发挥其效力至关重要。如果在方向上出现明显偏差，就会向员工传递错误信息，并打击其工作积极性。因此，公司的每位领导者不仅要努力保证激励方向正确，还要把制订薪酬标准的依据清晰无误地传达给员工。

不满足是一种动力

尽管财务奖励是一种非常强大的激励手段，但其他很多因素对于激励人们实现社会福祉同样至关重要。路德维希·冯·米塞斯认为，人类的行动必须具备 3 个条件 ：第一，对现状感到不满 ；第二，向往更好的状况 ；第三，相信能够实现这种更好的状况。缺少其中的任何一个条件，人们都不会付诸行动。

我们正是利用这个模型，对 GP 的多个生产工厂进行了改造和重建。对现状的不满来自于 GP 的利润空间因管理方式和人员配备的不合理而受到极大限制。我们意识到，GP 的这种做法导致它正走向很多美国大型钢铁及汽车公司失败的老路。于是，我们开始探索更好的状况，与成本最优（未必是规模最大）的竞争对手进行成本与管理方法的对比。这帮我们找出具体的成本差异及其因素。然后去达到更好的状况，包括调整组织结构、人员聘用与配置以及薪酬机制等。

通过让员工了解公司缺乏竞争力的现实，很多一线工人意识到人员配备和薪酬结构调整的必要性。公司要建立具有长期竞争力的组织文化，就必须让所有员工为寻求更优状况而承担相应职责。如果职责过多，就可能导致员工在失败后伤及士气。如果职责不足，他们就会缺少积极学习、寻求发展和成长的挑战，进而缺乏前进的动力。这样一来，企业自然也无法让每位员工充分发挥潜能。

我们希望领导者能为员工提供指导、鼓励挑战，引导员工自由思考，并自发运用他们的想法和知识帮助公司更好地发展。按照我们的经验，“学徒模式”可以帮助有效地发展员工，它通常包括四个阶段：我做，你看；我做，你帮忙；你做，我帮忙；你做，我看。

米塞斯的“人类行为三要素”理论对企业具有重大的实践意义。如果一个企业不能满足米塞斯提出的三个基本条件，就必然形成消极懈怠或是流于形式的企业文化。反之，强调“有原则的企业家精神”，并以此推动创新和破坏的企业则通过提供如何创造价值的愿景促进及时决策和适当奖励员工来实现目标。

激励的协调和统一

有益的激励能够鼓励多数人更勤奋地工作，创新积极性更高，为他人创造更多价值。在这个过程中，他们自己也成为受益者。然而，这并不是实行激励机制的唯一原因。即使人们情绪高涨，真心实意地渴望成功，他们还是会面临一个挑战——应把时间和精力集中在哪里？

成功的企业家能够利用市场的激励确定创造最大价值的行动方案。同样，雇主应该利用激励机制引导员工把他们的能力、关注和努力投入到能够创造出最多价值的领域上，同时也有助于他们的自我实现。

成功的激励机制必须将员工的个人利益与公司的整体利益相结合。这样一来，如果某种结果有益于员工，那么也必须有益于公司；反之，如果某种结果有损于公司利益，那么也将有损于员工利益。

这一点在合规方面体现得尤为突出，否则会带来恶果。自从让每位员工（尤其是管理者）都要为其导致的合规问题承担责任，并因此调减相应薪资之后，我们的合规政策的有效性有了大幅的改进。

几年前，我曾苦口婆心一遍又一遍地讲述合规问题的重要性，但我们一家小型工厂的经理依旧认为，没有必要对用于州政府工程的沥青进行检验。他在这方面拥有几十年的经验，但有的时候，经验丰富的老手反倒可能比新手更危险，因为经验容易让他们目中无人，自以为是。在发现问题后，我们马上解雇了这名经理，立即向州政府汇报了此事，并采取了更有效的方式监督合规问题。

这件事情让我体会到，苦口婆心劝服人们重视合规的做法效果有限，这让我感到忧心忡忡。因此，我叫来业务负责人，了解这件事是怎样发生的，未来可以如何避免。这位负责人说他不可能阻止此事发生，因为他根本不认识那个有问题的经理。我问道："如果你不对这件事负责，还有谁能对此负责呢？聘用谁，解雇谁，建立怎样的制度和文化都在你的职责和控制范围之内。"

这次交流之后，我们根据相关管理者的责任核减取消了他们的奖金。通过这种方式，我们明确了一件事：管理者必须对其组织的合规、安全或环境问题承担全部责任，此类问题的发生将导致他们激励薪酬的大幅削减，甚至全部取消。具体核减程度取决于问题的严重程度和潜在的危害性。

在这些管理者意识到他们的薪资有可能被大幅削减，或岗位有可能被调整之后，他们很快开始关心合规、健康、安全及环境等问题。我们的绩效也随之显著改善。如果我们不让员工（尤其是管理者）对结果负责，不管表现如何依然给予他们同样多的薪酬，那么整个薪酬机制的激励作用必将大打折扣。

第一，不管我们的目标是改善合规性，提高资本回报率抑或其他，激励的首要都应是实现个人利益与公司利益的统一。只有这样，才能激励员工努力做正确的事、帮助公司不断发展。

第二，薪酬机制应遵循的一个重要原则是，员工之间各有差异，所以他们的薪酬也应基于所做贡献的大小有所不同。由于员工的目标、愿景、价值观与能力各有差异，所以他们如何利用几乎无限的机会去创造价值也会不同。因此，即使两名员工的职位相同，也很可能获得不同的薪酬。

第三，对员工的薪酬不设上限，这样员工就不会为自己创造的价值设定上限。

第四，建立激励机制应能使公司有效地吸引、激励并留住那些具备有原则的企业家精神的员工。

要实现上述目标，就应对员工为公司创造的长期价值予以奖励。当然，贡献不仅包括当前利润，也包括那些不能马上带来利润的长期价值，比如需要延续多年的研究项目、发展人员的能力以及文化的推动等方面。拒绝奖励非价值创造性活动也是一种激励，它能够有效地引导员工的行为，鼓励他们做正确的事。

为实现利益的统一，边际利润和总利润较好时的薪酬应该比以往更高。总体来说，如果本年度的利润增加 20%（且未来盈利前景良好），而员工对利润的贡献与去年相同，那么员工的激励薪酬也会增加大概 20%。如果员工对利润的贡献超过或低于上一年的水平，那么其薪酬也会相应调整。

不管薪酬水平如何，它应反映出每位员工的贡献。即便企业当期没有实现盈利，对于大幅减少亏损或是给未来前景带来积极影响的少数员工，也应该予以奖励。如果企业原本可能遭受 1 000 万美元的亏损，但某个员工设法将亏损额减少到 600 万美元，那么，公司就应该因为这减少的 400 万美元亏损奖励该员工。

有效的领导者会以更广的角度看待价值创造。他们知道，员工创造的价值不仅体现在创新或抓住新机会上，还体现在保证整个价值创造过程（业务过程）的平稳运行上。例如，财务部提供及时有效的信息指导业务决策，这对长期盈利能力的重要性绝不亚于维持工厂的正常经营。我们应当对这种能力予以恰当的认可和奖励。

激励与失败

在发明某种新电池时，托马斯·爱迪生经历了近 1 万次的失败。对此，曾有人问爱迪生：“到现在还没有取得任何成果，你不觉得羞愧吗？”他回答说：“我已经取得了很多成果啊！至少我知道，有几千种方法是行不通的！”

失败与成功并非水火不容，这似乎令人迷惑。在公司内部推行试验性探索的过程中，虽然我们不想失败，但也应该做好失败的准备。有时，今天取得的成功也许是因为汲取了昨天失败的教训。正如爱因斯坦所说：“失败是成功之母。”

需要澄清的是，我并不是建议组织奖励失败。尽管我们有时能预知失败会发生，但还是应该尽力避免。除了从失败中汲取教训之外，我们还要了解失败的原因。是因为事先考虑不周，还是因为一时冲动？抑或是因为行动本身的风险性较大，即便已经深思熟虑也无法避免？

在建立激励机制时，不同原因的失败应该采用不同的对待方式。计划周全而结果失败的实验不应被过分惩罚，这样能够鼓励员工经常进行小的尝试，从中可以获得突破性的新发现和新知识，这对实现创新、发展和长期盈利至关重要。

在鼓励合理的探索性试验时，我们需要认识到，立竿见影的事情很少见。因此，我们也应奖励帮助促成最终商业化取得进展，或为科氏其他公司创造有价值的知识。

归根究底，激励应基于创造的价值，而帮助商业化过程取得进展也是在创造价值。安然公司 (Enron Corporation) 的奖励基于交易可能带来的预期利润。因此，一旦成交，奖励即可兑现，而无需等到利润真正收入囊中，这样的奖励方式必然导致极端错误的行为。安然公司的员工乐于签订高风险的项目。只要未来有可能带来高额利润，他们就会不遗余力地签合同。

在科氏工业，当交易完成时，我们按照项目的潜在收益提前支付一部分奖励给员工。在项目取得实际利润后，我们再发放后续的奖励。即使这些贡献者已调转至其他岗位，我们也会将他们应得的奖励按时发放。

要实现组织各部门机构的利益协调一致非常重要，但也绝非易事。在科氏工业，这种利益关系涉及科氏下属公司的内部交易，比如将物资从科珀斯克里斯蒂炼油厂的燃料库转移到化学品库，或是科氏供应贸易公司向弗林特—希尔斯能源公司出售原油。这种内部交易的方式必须在总体上有助于实现科氏工业的长期价值最大化，而不是只让某个部门或单位受益。

此外，我们还要考虑特定质量和数量产品的市场价格以及交易双方的机会成本等因素。对于参与此类交易的员工，我们在制定薪酬时，必须考虑他们对科氏工业总体价值最大化所做出的贡献。

边际贡献

要实现良性利润，公司的薪酬机制应该能够激励员工创造长期价值的最大化，并在行为上持之以恒地践行“MBM 指导原则”。最有效的方法就是让他们能够获得自己所创造价值的一部分，正如企业家会获得他们为社会所创造价值的一部分一样。

总体薪酬应该反映总体贡献。对一名员工所做总体贡献（价值创造）的评价是制定激励决策的基础。一个领导者应当了解哪些特定结果或价值归功于该员工的行为或决策？

- 该想法和行为是这位员工提出来的吗？
- 该价值是否在业务结果中已经得到体现？
- 这位员工对其他人的价值创造产生哪些影响？
- 员工对企业文化的贡献是积极的还是消极的？

运用边际分析可以进一步评估员工的贡献。能够评估员工的边际贡献（即总量中因为某个变化、某种因素或某个人所带来的价值）是保证薪酬制度行之有效的前提。

科氏工业的“人才规划”流程（见第 7 章）就采用了边际分析的方法，我们要保留的是贡献达到或超过市场上类似工作中等水平的人员（尤其与我们的主要竞争者相比）。这个表现中等的贡献者可被看成是“典型贡献者”。

有了评价基准，我们就可以估算出员工的边际贡献——即实际贡献超过或低于典型贡献者的那部分贡献值。如果员工创造的价值超过了典型贡献，那么，他就做出了边际贡献，给企业带来了竞争优势。如果员工创造的价值低于典型贡献，那么，他的边际贡献为负，并使企业处于竞争劣势。如果员工都属于后者，那这家公司离破产也就不远了。

领导者应在整个年度持续关注员工的业绩表现，而不是只在年底进行一次绩效考评。通过经济分析和全面反馈，我们得以了解每位员工为公司长期价值所做的贡献。

此外，我们还要求员工对自己所做的边际贡献进行自我评价。这也确保我们可以恰当评估员工正反两方面的贡献。如果之前做出的贡献还未被完全奖励（前一年的收购项目直到今年才为公司真正创造利润），那么遗留的部分也应该被考虑进去。遗留的贡献常常源自员工以往的工作项目。

在科氏工业，我们把基本工资作为公司支付给员工的预付款，是对员工创造价值的提前支付。当员工创造的价值超过基本工资所对应的预期价值时，我们就会让该员工分享这部分额外价值。科氏工业有多种工具帮助员工做到这一点，如调整基本工资、年度激励奖金（Annual Incentive Compensation）、实时奖金（Spot Bonus）、推迟发放的递延奖金（Deferred Compensation）及其他奖励形式。管理人员的一个关键角色就是留住能为公司创造卓越价值的员工。通过对员工创造的价值予以回报，我们才能保证公司的竞争力。

即使是创造卓越价值的员工，也有继续进步的空间。我从不认为自己做过的每件事都“足够好”，因为这种自高自大的想法只会导致我不进反退，走向衰落。不管员工的边际贡献有多大，领导者都应该帮助他了解如何通过创造更多的价值使公司及其本人都受益。

反之，如果员工不能带来利润，也就是他所创造的价值低于其薪酬及其他成本（或是达不到竞争对手员工的中等水平），那他就是在浪费组织的资源和破坏价值。如果不能及时提高业绩，或找到能创造足够价值的新岗位，这些人就必须离开公司。

我们认识到，和那些以预算、计算公式或是工资等级为基础的薪资系统相比，科氏工业的激励系统执行难度更大。不过，以往的经验告诉我们，这种将员工与其创造的价值联系起来，并据此进行奖励的做法，确实能够促使他们对企业的贡献大幅提高。

不当的激励机制

很多常见的奖金计划都会产生不当的激励效应。比如，统一利润分享计划，固定或按基本工资百分比计算的奖金（不考虑个人贡献）。按照这些方法，绩效突出者与绩效平平者的奖励相差无几，从而导致员工失去为公司创造更多价值的动力。这显然与“MBM 指导原则”相悖。在自由社会，创造价值更多的企业家必然会得到更多的回报，这是一个很重要的激励因素。

此外，不当的激励机制还会导致另一个问题——员工可能会以牺牲长期价值为代价追求短期利润，放弃若干年后才有可能创造利润的机会。

有些公司将固定预算作为成本控制的手段。在这种模式下，管理者会拒绝预算超支的盈利性项目，错失盈利机会。

此外，有些公司为降低成本，会一刀切地将预算或人员削减 10%，其结果往往会把盈利项目与亏损项目、人才与庸才不分青红皂白地一并裁掉，从而降低公司的总体盈利性。这两种做法都会导致不当的激励效果。

不当的激励在公司与员工的关系中普遍存在。在委托人（所有者）雇用代理人（咨询师、经纪人或者员工）时，这类问题最为常见。委托人希望代理人采取的行动能够帮自己取得最大利益，而代理人往往会追求自己的利益最大化。

相互冲突的利益会以各种各样的方式表现出来。当委托人和代理人的风险取向不同时，代理人问题通常表现为以下两种形式：一种是竭力反对冒险，这种谨小慎微的企业文化往往是由于领导者对于能带来盈利的风险承担行为不予以奖励，或对于谨慎地承担风险却依然带来损失的行为过度责罚。

还记得我们在第 7 章里提出的问题吗：员工应选择一项有 90% 的几率赚取 10 万美元的投资，还是有 50% 的几率赚取 100 万美元的机会？在这种情况下，风险较大的机会更符合公司利益。因此，公司的激励机制必须鼓励员工适当、谨慎地冒险。

为克服的风险逆反心理，应该奖励创造的整体价值。我们要保证，只有当损失是由于缺乏深思熟虑或是管理不当所造成时，才会扣减相应激励性薪酬。此外，因错失良机而未能获得的利润应视为因冒险失败所受的损失，只不过损失程度较低。

应对员工的错失机会及其他失误带来的损失进行价值评估，在确定其薪酬时考虑进去，并和员工就此决定充分沟通。在 20 世纪 90 年代，科氏工业滋生了对收购活动的风险逆反心理，某些管理者放弃了收购高质量资产的机会。这些损失的机会成本也被纳入绩效评估中，这促使他们对此迅速做出调整。

同样，考虑机会成本有助于杜绝项目审批流程中的浪费以及拖延现象。如果审批者一味追求查明和控制全部风险，以致不能达到项目应有的收益回报，过度繁琐的步骤和分析会导致进展缓慢，因无法迅速有效地获得批准而丧失机会。把错失机会的潜在收益纳入衡量范围有利于将审批流程参与者的利益与公司整体利益相结合。

另一种形式的委托代理问题源于那些轻率鲁莽，甚至未经授权便采取风险活动的员工。这些人打算孤注一掷地为自己大赚一笔，即使让公司陷入困境也在所不惜。这些害群之马因贪图一时私利而不顾公司利益，会给整个公司带来灭顶之灾。历史上，此类事件屡见不鲜。

要减少这种破坏性行为，我们在选聘和留用员工时应首先考察他们的价值观和理念（见第 7 章），建立有效的控制机制，合理设定决策权（见第 9 章），并使员工的成功与公司的长期成功联系到一起。

在上市公司中更为普遍的不当激励就是季度收益报告。上市公司的管理层承担着达到季度收益目标的巨大压力，毕竟，收益稍有下滑就有可能导致股价大幅下跌。

因此，管理层被鼓励做出那些以牺牲公司真正的长期价值为代价，而追求短期收益最大化的决策。这些决策有可能包括：减少对周期性或长期性盈利项目的投资，不进行必要的账面价值降低，甚至篡改账目。

这些不当的激励导致上市公司的管理极为困难。正因如此，科氏工业才一直拒绝上市，始终维持私有企业的状态。我时常奉劝每个创业者和企业家："不管你的公司发展到多大规模，都应尽可能保持为私有公司。"

与外部协调的激励机制

尽管本章的关注点是员工激励，但激励对公司和其他关联方的利益协调一致也非常重要。这些关联方包括客户、供应商、承包商、股东、经销商、代理商、社区和政府。通过理解他们的主观价值，正确地把所有关联方的激励协调一致，我们极大地提升了获得成功的能力。

例如，如果你想激励供应商优先向客户推销你的产品，就要了解他们的激励因素和主观价值，然后让他们认识到，优先推荐你的产品并提供好的货架位置，必定会增加店面的客流量。

要动员外部力量为公司提供支持。我们的员工在与外部人员打交道时必须将公司的总体利益放在第一位。哪怕只是其中一个业务单位与供应商、客户、政府部门或其他机构关系不好，都有可能殃及其他业务。

我们发现，激励与绩效挂钩的做法往往能够取得良好的效果。正因如此，与对待员工相类似，我们也尽力改善对外部顾问的激励，当然，这并不容易。

银行业者、不动产经纪人及其他外部顾问经常宣称他们能为企业带来巨大的比较优势，但他们中的大多数却不愿意按其业绩计算报酬。他们通常认为他们的利益与客户利益已达成一致，因为他们只有在与客户交易完成之后才收取佣金，但我们却不是这样认为。

我们认为，对我们有益的外部顾问创造的价值应超过我们依靠自身力量所能创造的价值。因此，在考虑奖励时，外部顾问也可以分享这部分超额收益。作为咨询提供方，如果实际交易价值比预期还要低，那么对此项目支付的费用也应低于常规的市场价位。无论在提供咨询还是接受咨询时，我们都把这些明确写在咨询合同条款中。

在某次交易中，我们认为只能找到一个买家，但一位银行业者表示他能够开发出更多潜在买家。于是，我们同意根据实际结果提高或者降低他的报酬。最终结果比我们自己能够达到的结果要好得多，而这位具有企业家精神的银行业者也得到了相应的报酬。

银行业者的收费通常为交易价格的 1% ~ 2%，根据交易额大小有所不同。假设我们想出售一家公司，我们自己的估价是 1 亿美元，而某位银行业者认为可以做到保底 1 亿美元，并约定按成交价的 1% 收费。如果最终的成交价为 1.2 亿美元，那么，他将获利 120 万美元。

尽管这种做法可以让顾问的收入大幅提高，但大多数顾问还是不愿意冒险，就算失败的几率相对较低也是如此。这不难理解，如果最终的成交价为 1.2 亿美元，他们也只能多拿 20 万美元，但交易失败的风险却有可能提高到 30%，一旦交易失败，他们就会颗粒无收。

因此，要激励外部顾问适当承受风险，我们可以为其提供这样的支付方案：在实际成交价格超过 1 000 万美元的情况下，1 000 万美元到 1 100 万美元的部分按 5% 抽取提成，1 100 万美元到 1 200 万美元的部分按 10% 提成，以此类推。

在这种情况下，外部顾问的潜在收益不是 120 万美元，而是 250 万美元，降低了 30% 的失败风险。双方的激励也实现了统一，因为我们也得到一个有 70% 的可能获得额外 2 000 万美元价值的机会（除去佣金）。

对企业来说，与所在社区利益的协调同样至关重要。在科氏工业，我们会尽量了解什么对于社区更有价值。大多数社区都希望所在地企业能安全运营、关注环境保护、提供良好的就业机会，以及将社区建设得更好。

正因如此，我们始终希望员工不仅能在EH&S方面表现优异，还要成为积极为社区做贡献的好公民。对那些与我们的价值观一致的慈善机构，我们还会积极提供捐赠。

我们用这样的态度对待所有和科氏工业业务领域相关的各级政府部门，始终以诚实正直的方式与政府代表打交道，并尽最大努力履行我们的承诺。

在遇到问题或犯错时，我们会在第一时间承认错误，纠正问题，并努力避免问题再度出现。我们之所以这样做，不仅因为这本身就是正确的，还因为社区和政府更愿意让坚持诚信经营、关注环境、安全及合规性的企业发展壮大。当我们秉持有原则的企业家精神，创造出更多更好的就业机会时，除了业绩不佳的竞争对手外，所有人都将从中受益。

有益的激励机制更有助于实现利益的统一，指引我们发现价值。它能帮助所有员工理解什么是真正的价值创造。做有意义的工作就是通过为社会创造价值而创造良性利润。有益的激励不仅鼓励我们每个人拥有更高效的生活，更有利于我们发挥全部潜能，在工作中寻找到满足感和成就感——实际上，这也是我勤奋工作的动力。

第11章

行为的自发秩序原则：MBM的四个基础案例

在社会资源的配置上，自发秩序的效率是其他任何设计都无法比拟的。

—— 弗里德里希·奥古斯特·冯·哈耶克

“最后一道，先生，甜点。”每个喜欢“巨蟒组”[①]的人都不会忘记这句话，这是约翰·克里斯（John Cleese）在《人生七步曲》（*The Meaning of Life*）中的一句台词。克里斯在电影中是一家华而不实的餐厅的服务员，面对一名已经撑得夸张但还在不停点餐的客户，他爆发了，将最后一道甜点摔到餐桌上。

如果不能用实事求是的态度指导我们的行为，往往会招致灾难性的后果，这在巨蟒组的影片里时有体现。如本书第 3 章所述，如果企业将行为建立在错误的思维模式之上，必定会走向没落。

①Monty Python，英国六人喜剧团体，喜剧界的披头士。——译者注

就像上面那个以为自己还能再来一道菜的吃货一样，我们也常常自以为是，但现实未必总如我们所愿。已故参议员丹尼尔·帕特里克·莫伊尼汉（Daniel Patrick Moynihan）略带嘲讽地说："每个人都有自己的意见，但并不代表现实。"

这种心理倾向在巨蟒组的另一个经典荒诞片段中尽显无疑。在《巨蟒与圣杯》（*Monty Python and the Holy Grail*）中审判女巫的片段，愚蠢的武士用中世纪的逻辑说服一群要找到并烧死女巫的民众。

他这位武士认为，女巫应该被烧死，因为她们是木头做的。木头的另一个特性是能浮在水上。还有什么能浮在水上呢？鸭子。于是，这位武士自鸣得意地认为，如果那名女子和鸭子一样重，那她就是女巫，就允许民众烧死她。

实际上，我们或许没必要用如此荒诞的方式，解释为什么要用以客观事实为基础的思维模式解决问题，但这些方式确实很实用。

我们都知道，MBM 是一种建立在现实基础上的工具，它促使所有员工自发地寻求创新，主动解决问题，而不是等待被告知如何去做。

MBM 的目的就是通过为员工提供一套简化的指导原则和基于现实的思维模式，帮助他们创造自发秩序，并指导他们的行动和决策。我们在前几个章节里阐述的是个别工具，而本章则是将这些工具组合起来，形成一个系统化的综合工具包。

MBM 管理框架和问题解决流程

爱因斯坦已经意识到“宇宙的有序和谐”。假如一个人能将自然界看成无需集中指挥或规划即可和谐运行的，那么，他很容易就能体会到自发秩序的内涵——一种最终创造出自然界种种奇迹的秩序。MBM 的宗旨，就是为组织营造出奇迹成为现实的自发秩序所需要的条件，也就是我们所说的 MBM 的管理框架，它由一个特定的结构，一系列的思维模式和一种相对应的文化组成。

当组织建立了理性的愿景，为合适的员工提供了合适的角色，并辅之以正确的价值观、知识、决策权和激励机制时，就可以建立这种自发秩序。

运用 MBM 的五个维度建立自发秩序，也是科氏工业最重要的创新之一。它和所有创新的意义一样，都从长期的试验性探索中形成和发展而来。

利用这五个维度解决问题，我们可以更好地发现问题根源，找出对策。同样的，当透过 MBM 管理框架去设想新的商业模式时，将带来革命性的转变。自 MBM 在 20 世纪 60 年代形成以来，我们逐渐发现，案例研究是展示 MBM 成效的最佳方式。

接下来，我将列举来自科氏工业的四个真实案例，并在每个案例中介绍所有五个维度的作用。

需要注意的是，这些案例表明，MBM 适用于任何类型的企业、业务职能部门以及任何问题。

案例 1：GP 公司的消费品业务

2005 年，科氏工业完成了最大规模的收购。为收购 GP，我们不得不大举借债。这也意味着如果公司业绩不能迅速扭转，我们将违反贷款时承诺的责任（为获得贷款，我们向贷款人就公司的财务状况做出保证），后果不堪设想。

当时，作为 GP 最大的业务板块，消费品收入占公司总收入的 40% 左右，但消费品业务当时已是强弩之末。部分品牌的市场份额持续下降，随时可能被主要客户抛弃。2007 年，GP 消费品部门被客户评为同类产品供应商中最差的合作伙伴。GP 坚持所谓的“快速跟进”战略，放弃对市场研究的投资，转而仿造市场上的成功商品，并以更低的价格销售，这种做法根本无法保证自己的竞争力。

我们当时之所以收购 GP 公司，是因为我们相信，凭借 MBM 和我们在相关领域的核心优势，完全有能力提高该公司的价值创造能力。此前一年，我们收购了 GP 旗下的纸浆业务，那次收购不仅验证了我们的假设，也让我们进一步认为，GP 不乏人才，不缺优质资产，企业文化也有很多可取之处。

为恢复 GP 的活力，调整公司机制，我们应用 MBM 的五个维度，对公司进行了改革。第一步就是调整企业愿景。

愿　景

在被科氏工业收购之前，GP 采用的是低成本模式：用南方的松木生产加工产品。然而这种做法只能让 GP 成为市场的跟随者，而不是创新者和领导者。

遗憾的是，竞争对手的创新不断加速，例如开发新产品，通过深入分析改进营销模式，开发新的生产制造技术和物流策略等。这导致 GP 的消费品业务全面落后，不仅在产品质量上略逊一筹，在营销和销售能力上也难以招架。最终，GP 的消费品市场份额不断萎缩，与供应商的关系也日渐恶化。

为彻底扭转这一局面，我们认为必须将“快速跟进”的愿景转变为“做创新的领导者”。只有如此，GP 才有可能为终端用户提供优于竞争对手的产品。

由于“快速跟进”的愿景忽视了对创新的投入，因此，GP 必须投入大笔资金弥补这方面的差距。换句话说，它必须提高自身能力，才能识别和理解尚未满足的客户需求，并开发新产品和新服务以满足这些需求。

除转变愿景外，另一项创新则针对如何实现以现有产品组合为供应商创造价值。这就要求 GP 开发若干重要的新能力，比如，必须让供应商感受到销售 GP 的全套产品会增加他们的客流量。这也是在发挥 MBM 其他四个维度的作用。

品德与才能

GP 的消费品业务并不缺少既有能力又吃苦耐劳的员工。由于愿景的改变，它需要不同类型的领导者和人才。此外，我们也发现了 GP 企业文化的很多可取之处，重要的是如何进一步拓展这种文化，将创新、企业家精神和知识分享纳入其中。因此，GP 的消费品业务也应该吸纳我们的挑战流程。

我们在此实践了第 9 章所介绍的关于决策权的理论。现有的很多 GP 员工被重新分配到符合其比较优势的新岗位上，得以更好地服务于新的企业愿景。但考虑到实现新愿景所需要的能力并不能一蹴而就，因此我们还需要从公司外部引进具有相应能力的人才。

比如，GP 需要能对供应商销售产品并和他们开展合作的销售人员，帮助供应商在全盘考虑的同时，根据店面实际情况集中决策。与此同时，以更巧妙的方法对店面商品按大类进行管理。此外，我们还需要建立一个合作性商业规划团队，将品牌与贴牌产品与我们为客户和供应商创造的价值联系到一起。

此外，我们还要进一步帮助零售商理解和满足个别客户的价值取向，并让零售商充分体会到，GP 的产品可以帮助他们更好地吸引客户。

最后，消费品业务还需要强化分析能力，从而更好地理解市场状态和竞争态势，在合理衡量和完善定价政策的同时，对促销、电视广告、平面媒体和数字营销等方面做出评价和改进。换句话说，消费品业务还需要更多、更好的知识流程。

知识流程

收购 GP 前，消费品业务不仅在产品和技术方面大大落后，对市场和客户心理的把握也很不到位。整个组织缺乏有效的探索性试验和知识分享，各级人员对挑战更是避之不及。决策机制严重依赖层级制度。尽管有多种财务指标，但真正能体现长期价值创造能力的指标却少得可怜。

收购 GP 后，公司开始加大消费品业务对营销和销售有效性等领域的投资，并借此获得更卓越的知识。此外，我们还着力改进定价策略及运营模式。当然，GP 的能力开发并不是针对各类商品独立进行，而是建立在整个企业层面上，改善对最佳知识和探索性试验的分析。这种方法不仅让整个企业从中受益，也实现了知识分享与企业增长的同步发展。

以前，在高速增长的大型商场和小型零售店的带动下，消费品业务始终保持增长态势。通过分享和运用来自 GP 内部和外部的知识，目前，消费品业务已开始借力于杂货零售店、刚刚兴起的自助零售店及新兴的电子商务实现增长。

对 GP 而言，我们采取的知识分享方式还属于新鲜事物，因此，要充分发挥其价值还需要一段时间。组建合作性商业规划团队就是一个典型例证。

它强调的是为零售商提供最佳知识——帮助他们理解客户行为；通过产品选择、商业化开发及营销投资为供应商带来积极成果；提高零售商和 GP 的回报率。

当然，要实现这些目标并不容易，不过一旦攻克难关，这些知识体系就会帮助消费品业务改头换面，改进 GP 在重要客户心目中的形象，包括好市多（Costco）、沃尔玛（Wal-Mart）、克罗格（Kroger）、多来店（Dollar General）、大众超级市场公司（Publix）、塔吉特（Target）和家庭美元（Family Dollar）等。

因此，GP 的形象也从原来“最差的合作伙伴”，变成“最有价值的合作者”，并在改进供应商业绩方面拥有无与伦比的知识和经验。

决策权

在我们将 MBM 的各个维度应用于消费品业务时，我们也逐渐意识到，GP 员工的岗位与他们各自的比较优势并不完全匹配。

权力并没有被授权给拥有最佳知识的员工，而且决策的制定往往依赖预算，而不是建立在合理评估支出边际价值的基础上。对预算中未涉及到的事项，不论轻重缓急，都要接受严格的审批。

RR&Es 的含混不清往往会导致“公地悲剧”的发生。很多决策的形成相互独立，只考虑部分利益的最大化，忽略了公司整体利益的最大化。如果不能正确解决这些问题，员工就不可能自发地以总体利益最大化原则采取行动。于是，消费品部门开始采取措施，为每位员工匹配合适的岗位，并明晰权责和调整权力，确保拥有最佳知识的人做决策。

具体措施是，以总体利益最大化为最终目标，授予各类商品的负责人（同时负责多种品牌）和品牌经理相应的决策权。负责人全权负责改善市场知识，并与品牌经理、运营、销售、营销、配送、研发及其他各支持团队分享这些知识。

一切看似简单合理，操作起来却并不容易。这需要实现高层领导者思维模式的彻底转型，毕竟，他们是公司大多数决策的制定者。领导者要意识到，如果能掌握适当的能力，提出适当的问题，为公司营造一种挑战性氛围，并对下属进行合理的授权和奖励，自己就可以创造更多的价值，做出更好的决策。

激　励

在推行 MBM 以前，GP 的奖励机制往往以能否实现预算和季度盈利指标为主，而不考虑员工对公司长期价值创造所做出的贡献。员工的收入取决于他们的工资级别，奖金通过公式计算得出且有上限。

如果未能完成预算，员工就会受到处罚，但即便超额完成预算，奖金也十分有限。目光短浅的激励机制严重限制了员工的探索与创新精神。

推行 MBM 后，员工的奖励取决于他们对企业长期价值的贡献。这种贡献不仅包括当期收益和资本回报，也包括他们为企业创造长期价值所做的贡献。尤其是领导者，他们会因为运用“MBM 指导原则”改善企业文化而受到褒奖。

工资级别制度被取消，奖金也上不封顶，并按若干主观及客观指标予以确定。以前，销售部门的激励取决于销量，现在，他们的收入取决于长期利润、客户关系的改善以及为客户创造的价值。

正是有了这些接受并拥抱 MBM 的员工，以及革新过程中的实践，GP 的消费品业务变得更有效率，更有活力。每位员工都能自发地采取最合适的行动，为公司创造更光明的前景。

对科氏工业的所有员工而言，GP 消费品业务的转型是一次宝贵经历。自高自大和故步自封，就是企业失败的典型特征，因为创新和破坏始终如影随形。即便经营方式已经成功转型，GP 的消费品业务依旧还有很多待改进的地方，商品质量更好、成本更低的竞争对手不断涌入市场。

当然，具有价值创造效能的创新不仅需要好想法，更要及时付诸实践，这就要求我们综合运用 MBM 框架的五个维度。如果创意十足，但不能将理论及时变成实践，企业也会不可避免地遭遇失败。和以往一样，如果不能借助快速创新达到或超过竞争对手，我们必将被迫退出市场。正如我们在这个案例中所看到的那样，凭借 MBM 框架五个维度的转型力量，我们才能在这个充满艰辛和未知的过程中始终走在正确的道路上。

GP 的 Quilted Northern 牌大卷卫生纸成为 2008 年最强势的非食品类产品，为整个公司贡献了超过 1.35 亿美元的收入。2009 年，Angel Soft 牌卫生纸成为 GP 的第一品牌，在 52 周的时间里创造了 10 亿美元的收入。同年，消费品业务的净收益率（未扣除利息、税收、折旧和摊销之前）较 2005 年高出了 85%——这远远超过我们在收购 GP 之前设定的盈利目标。

在应用 MBM 之后，GP 旗下的消费品业务展示出更可喜的局面：盈利不断改善，业务负责人和员工对如何为客户、公司和社会创造长期价值有了更深刻的理解。

案例 2：科氏保险

21 世纪初，我们就一直将 MBM 的“问题解决流程”用于科氏保险，并取得了巨大成效，每年为公司节约保费高达数百万美元（扣除未保险损失后的净额）。

保险对公司至关重要，因为它为发生概率低、但潜在损失巨大的事项提供了一张资本的安全网。因此，保险对风险相对集中、资本量有限且债务负担沉重，或是需要降低收入波动性的公司来说，意义尤为重大。

然而，保险很少能给公司带来长期回报的投资。部分原因在于，保险公司对保险产品的定价要涵盖他们的预期损失与管理费用、交易成本和利润的总和。

我们估计，就平均水平而言，保费约超过预期亏损成本40% 左右（这个比例已考虑到保费在投保人索赔之前用于再投资带来的收益）。

那么，我们如何利用 MBM 保证保险策略与我们的风险理念相一致的？或者说如何将避之不及的恶魔变成良性利润？

愿　景

我们将购买第三方标准保险调整为只购买有利于长期价值或法律规定（或者供应商及客户要求）必须购买的险种。这样，科氏工业就建立了打破传统的新型保险模式。

比如，通过我们的风险理念让保险政策聚焦于防范损失，并借此改善每家工厂的安全性、环保性和经营业绩，这种做法帮助我们提高了对卓越运营的要求。凭借运营绩效的改善，我们的事故率大幅下降，远低于保险行业的平均水平，让传统保险模式失去了吸引力。

此外，我们还将这一愿景用于识别和评价各种形式的“嵌入式”保险，即通过调整日常经营活动可以自行降低的隐形经济风险，这也是很多公司都要购买的保险类型。典型的“嵌入式”保险包括储存多余的零配件、增加备用存货以及其他防范性措施，目的是防止临时性供给中断，或是对与我们分担风险的合作者予以补偿。

从经济学的角度来看，每次我们通过承担费用或者放弃收益来降低某些特定风险的几率和后果时，我们都很像是在做一个购买保险的决定。

在一些情况下，这样的嵌入式保险是有益的；而另一些情况下则未必。我们针对保险业务制定的愿景，就是鼓励员工根据具体情况进行具体分析。

品德与才能

要真正达到这个以保险业务为核心的特殊愿景，显然需要长年累月的深入研究与实践。让不同的员工接受相同的愿景和风险理念，显然十分必要，但却绝非易事。

我们发现，在很大程度上，调整后的愿景依赖于对业务的卓越运营以及领导者的风险优化能力。

考虑到我们的项目大多需要投入大量资金，因此，确定承包商协议中的“嵌入式”保险并评估它的成本和潜在收益，就显得尤为重要。我们发现，降低“嵌入式”保险成本最有效的途径，就是在选择承包商时，千万不要只考虑他们愿意承担的风险水平。

我们聘请的承包商必须能够在既定时间与成本的基础上，交付高质量的项目成果。相反，我们在选择承包商时，如果只依赖于他们是否愿意更多地承担合同风险，最终往往要付出双倍成本：首先，在交易价格中要考虑对他们承担额外风险而做出的补偿；其次，在遇到项目拖延和超支的情况下，承包商却不会补偿我们因此遭受的损失。

因此，我们更愿意为了请到高水平的承包商而承受风险，也不愿意只因为合同包含的“嵌入式”保险而接受能力较差的承包商。

知识流程

真正理解科氏工业的风险理念，并了解外部保险的价值所在，有助于我们实现保险政策的最优化。通过边际分析，我们可以认识不同保险计划的经济性，确定最有利于为科氏工业创造长期价值的保险结构。

我们认为，保险的价值会因如下事实而弱化：

- 未被保险覆盖的损失通常在税前可抵扣；
- 赔偿金额有限；
- 收益通常在支付保费后的若干年实现，收益周期太长；
- 大额的保险索赔能否最终执行，往往由谈判和诉讼决定，会额外耗费大量人力、物力和财力。

鉴于这些因素，保险业务实现的价值可能只有保单面额的 50% 左右。因此，除了保留我们认为在实际风险水平下可实现盈利的保单之外，我们取消了全部第三方保险项目。

但是，我们依旧与外部专业知识网络保持密切合作，以求持续评估我们的保险政策。这有助于我们随时了解行业态势及变化趋势，并从中汲取教训，持续改进整个公司的风险管理。

决策权

对于科氏工业旗下的每家公司，领导者不仅十分了解公司的风险状况，也非常清楚业务的成本收益关系。因此，他们应该是负责风险优化的最佳候选人。不过，购买传统保险产品的决策权还是被置于总部层面或董事会。这样，是否决定从外部购买保险，完全取决于对科氏工业总体风险水平的考虑。

保险业务的终极目标是维护科氏工业的整体利益，而不只是旗下某公司的利益。因此，我们必须对保险业务的决策权做相应调整。

至于“嵌入式”保险，决策权则被授权各项业务。这就突出了普及型培训和全面认识的必要性，否则我们的每个决策和评价就无法确保其盈利性。

激　励

考虑到个别业务的员工和领导者的风险偏好与承受力不同，因此，我们有必要向每位员工宣传公司的风险理念。这些原则非常重要，尽管个别不符合公司风险理念的决策可能影响有限，但它们合在一起、积少成多的影响可能十分巨大。

如果科氏下属某个公司中的某个负责人因为火灾之类的意外事故给科氏工业集团带来财务损失，那么，应根据损失程度扣减其激励性薪酬。通过激励调节，保证每家公司清楚理解自己的风险，并采取相应手段管理风险。此外，让每项业务长期承担对应事故风险对公司最为有利，而盈利能力的提高也会让员工长期受益。

我们已经意识到，购买保险可能会造成一种安全假象，它削弱了风险评估与防范的合理性，只是从表面上降低了风险水平。排除这种风险假象，并让负责人对结果承担责任，有助于形成一种鼓励认识风险、切实采取风险防范措施的激励机制。

我们的保险理念不仅要让科氏工业受益，还要造福于我们的客户、员工和社区。因此，我们力求主动规避不利事件，比如火灾或意外事故，而不依赖根本无助于降低事故发生率的金融工具。我们要在改善所有人福利的同时，为公司创造更多的良性利润。

案例 3：科珀斯克里斯蒂炼油公司

科珀斯克里斯蒂炼油公司在化工综合业务方面，为我们提供了一个认识 MBM 的经典案例。这家公司经历的变革远不止一次，仅在 1981 年被科氏工业收购以来，我们就已经对该公司进行了三次重大改革。今天，该公司的销售额已增长了 10 倍，利润更是比被收购当年增长了 20 倍。实际上，科珀斯克里斯蒂经历了一次天翻地覆的改革——面对三个挑战，它们在 MBM 的帮助下实现了蜕变。

然而，科珀斯克里斯蒂的蜕变过程充满了艰辛和曲折。20 世纪 90 年代，我们曾考虑卖掉科这家炼油公司，因为其盈利能力甚至低于盈亏平衡点，使整个公司遭受亏损。

幸运的是，炼油公司负责人采用了新方法，让炼油业务在最艰难的市场条件下依旧维持盈利。现在，随着附近鹰滩页岩区油田产量的大增，科珀斯克里斯蒂收获了丰厚的利润。

愿 景

科氏工业扩大炼油业务并为化工业务建立增长平台的愿景，促使我们在 1981 年从太阳公司（Sun Company）手中收购了科珀斯克里斯蒂炼油公司。我们认为，我们完全有能力大幅改善和扩张该公司的炼油及化工业务。随后，我们在 1982 年扩建了大型市场设施，在 1995 年建成了第二家炼油厂。

但在 1998 年，炼油业务利润率大跌，科珀斯克里斯蒂开始陷入亏损。这促使我们的团队采取了新的措施，并且建立了新的愿景——增加高盈利产品的产量，提高产品的可靠性，并削减成本。

在所有愿景变为现实后，科珀斯克里斯蒂开始扭亏为盈。不过，与墨西哥湾沿岸地区其他对重质高硫原油大手笔投资的炼油厂相比，我们在竞争中依旧处于不利位置。

进入 2008 年，在得克萨斯州南部，大规模的新开采油田迅猛增长（可能得益于水平钻井和水压破裂技术的发展）给科珀斯克里斯蒂带来了转机，公司的固有布局也由劣势变成了优势。新进入市场的原油属于低硫轻质原油，这种原油更适合我们。

随后，我们马上调整了愿景，并采取了实际行动：第一步，建立采购和运输这种新型轻质原油所需要的机构及基础设施；

第二步，加强运输能力，将多余的原油及时运往美国其他地区的炼油厂，从而实现原油采购量的最大化；第三步，提高炼油厂的生产能力，以便加工更多来自鹰滩页岩区的原油，而不是盈利性相对较低的外国进口原油。

品德与才能

1981 年，在弗林特—希尔斯炼油公司收购太阳公司时，我们相信，炼油厂本身就不乏带领企业沿着预期方向前进的领导者。为此，在收购科珀斯克里斯蒂时，我们重新面试了该公司的全体员工，让这些人感受到自己进入了一家新公司。

此外，我们还定期与工厂负责人召开会议，以头脑风暴的形式为如何实现改进与扩张提供思路。

一开始，在我们征求意见时，这些员工几乎毫无响应。最终，一位前太阳公司的员工解释说，以前的老板不仅拒绝为业务改进提供投入，而且始终对员工的资金请求置若罔闻。于是，员工逐渐开始意识到，为改善业务而向老板申请资金的做法毫无意义。

因此，在随后的几次会议上，只要有人提出有吸引力的投资建议，我就现场批准。我认为，只有这样，才有可能快速推进企业文化变革。果不其然，这种做法发挥了催化剂的作用，很快就激发了整个组织追求发展和完善的动力。

1998年，为保证组织再造工作切实取得进展，我们必须确保各级负责人理解新的企业愿景，并全身心投入其中。不仅如此，我们还要保证他们具备实现愿景的能力。最终，全体员工的努力给公司领导层带来了一场巨大变革。

后来，随着鹰滩页岩区油田的生产规模已成定局，我们马上开始为收购原油以及输油所需设施的建设及运营招贤纳士。毕竟，20世纪90年代初的危机曾迫使我们不得不裁员。因此，如果现在不扩充人员，我们很难抓住这次千载难逢的机遇。

知识流程

1981年，我们在尽职调查中发现，太阳公司尚未建立对跟踪各运营单位、原料供给及产品盈利能力的知识体系。然而，要完善科珀斯克里斯蒂公司的知识体系并实现发展，我们就必须纠正这个问题。此外，我们还要针对这个问题与领导者、工程人员和运营人员持续沟通，让他们在信息完备的基础上做出合理决策，不断提出新的思路和建议。

1998年的市场危机表明，知识体系的作用不可或缺。它能够推动企业实现关键性转型。在这个过程中，我们不仅评估了当期价格、每个运营单位、每种原料供给及每种产品的盈利性，还分析了失败案例中的定价。在这些指标的引导下，我们通过组织结构设计，确保企业能在各种市场条件下保持盈利。

正如我们在第 8 章所说，创建一个合理的知识体系，往往需要我们以获取和分享有价值信息为目的，与外部合作伙伴建立良好的关系。在鹰滩页岩区油田刚刚被发现时，原油生产商对于储量极其看好，并纷纷做出非常乐观的预测。为合理判断未来产量的走势，我们聘请了一家经验丰富的第三方机构对这些预测进行了分析。事实证明，这些乐观性预测基本符合事实。我们曾以为，鹰滩页岩区的原油产量每天最多可达 100 万桶，但实际产量却是这个数字的 2 倍。了解这个事实，显然有助于我们先于对手准备好迎接这场原油大战。

除预测产量外，另一个非常棘手的问题是鹰滩页岩区的原油属于超轻质油，而科珀斯克里斯蒂炼油公司的设计用途则是针对普通轻质原油。因此，如果不将超轻质油与重质原油混合，科珀斯克里斯蒂就难以提炼，但如果操作不当，混合原油的土壤构成又会对炼油过程带来不良影响。

为避免这种情况，松湾炼油厂的员工分享了他们在处理混合原油问题上的知识和经验。我们发现，目前监测土壤构成隐患的分析方法远远不够，于是我们的实验室开发出专门的新型分析方法。

决策权

按照科珀斯克里斯蒂原来的组织结构，管理层在决策过程中几乎不需要员工提供任何信息。因此，调整决策权结构，充分利用各方面的最佳知识，就成为我们的当务之急。为实现这一目标，我们尽量为员工分配了合适的岗位。

当炼油产品市场在 1998 年大幅萎缩时，我们重新评估人员与岗位的匹配性，但此时的业务需求已发生了巨大变化。于是，我们更新了整个工厂的 RR&Es，使之与新的企业愿景相吻合。此外，考虑到整个行业盈利能力正在下降，我们还减少了对资本开支的授权。

到 2008 年，随着鹰滩页岩区的发展，我们的首要任务变成了寻找称职领导人，以确保对鹰滩页岩区采购的原油量达到最大化，并建立适当的基础设施将原油运送到科珀斯克里斯蒂炼油厂。考虑到这项工作的重要性，我们挑选的人需要全权负责弗林特—希尔斯炼油厂的原油供给和销售业务。随后，我们为新上任的负责人及参与该项目的其他人授予了清晰的决策权。

激　励

改造科珀斯克里斯蒂企业文化的最后一步，就是建立合理的激励机制，表彰那些为实现企业愿景、对大幅改进和企业扩张做出贡献，并以此为平台打造大型石化业务的员工。

我们迅速建立了激励和薪酬考评制度，对参与实现新愿景的员工给予奖励。在 1998 年的危机袭来时，为保证公司能够在不利的市场环境下依然盈利，所有人都毫无怨言地采取了必要措施。今天，科珀斯克里斯蒂的所有员工都很清楚鹰滩页岩区这次机会的重要性，以及他们为企业创造长期价值所做的贡献，每位员工都竭力抓住这次机会勤奋工作。

在科氏工业，激励机制的目标就是鼓励员工发挥企业家精神，为客户、社会和公司创造价值，并充分认识到，实现科氏工业长期良性利润的最大化，与他们自己的利益息息相关。只要激励机制有助于实现这些目标，MBM 整个框架就会给我们带来预期结果。

对 MBM 的运用以及鹰滩页岩区的发展，使得科珀斯克里斯蒂对进口原油的依赖性大大降低（从 5 年前的 65% 下降到目前的不到 15%）。连同其他方面的改进，公司的整体盈利能力大幅增长。

案例 4：GP 公司旗下的格林湾百老汇制造公司——“嘿，怎么又来这套！”

格林湾百老汇制造公司成立于 1919 年，位于威斯康星州（Wisconsin），最初的名字是霍华德堡工厂。这家公司几经易手，经历了多次管理模式和文化的变更，最终在 2 000 年被 GP 公司收购，并更名为格林湾百老汇制造公司。

自被 GP 收购以来，百老汇制造公司的管理团队也在减少工伤事故方面花费了大量时间。尽管效果明显，但其进展速度不尽如人意，达不到绝对业绩标准。在加入科氏工业后，格林湾百老汇制造公司的领导团队开始着力了解 MBM 管理框架及其运用方式。

两年后的 2008 年秋季，该公司的某位员工遭受了严重工伤。这次事故提醒他们，迄今为止所取得的进展还远没有达到预期。厄运再次降临，一位大学毕业生在工作中被截断手指，他的母亲也在这家公司工作，而全体员工都站在他们一边。

事故发生后，公司管理团队意识到，应该将安全性作为运用 MBM、尤其是“问题解决流程”的首要重点。于是，他们首先开始确定高危流程，并将防范工伤事故作为当务之急。最终取得的成绩十分显著：2007 ～ 2010 年，每年的事故发生量从 37 起减少到 9 起。这项成果的确令人振奋，但运用“问题解决流程”带来的收获还远不止于此：设备故障率下降了 50%，员工的人均产量提高了 20%。我们对这样的结果完全不感到意外，因为保证安全性与价值创造在很多方面都是相互关联的。

当员工看到“MBM 指导原则”及其五个维度在安全性方面带来的成效时，他们开始自发地了解这些原理并以更多的方式加以运用。

他们发现，MBM 还有助于提高质量、可靠性，降低成本和改善生产效率。员工不仅要负责各自的工作领域、资产和个人绩效，还要对自己和同事的行为后果承担责任。

对员工来说，实际效果当然是最有力的证据——MBM 是一种名副其实的实用工具，而不只是纸上谈兵的理论。

愿　景

格林湾百老汇制造公司在愿景上的最大改变，就是对安全性的强调。他们的管理团队将目标确定为创造一种确保任何人都不会受伤的工作环境。

以前，员工只能被动接受工作环境的危险性，而且以为事故注定要发生，因此，他们的唯一目标就是成为行业最佳，而不是力求零事故。但在发生事故后，他们才意识到“行业最佳”这个标准显然不足以保护员工的人身安全。

从一开始管理团队就意识到，要实现从“行业最佳”到“零事故”的转变，关键是不仅要允许，而是要求员工为检修机器而停机，杜绝员工在机器处于运行状态下检修。在此之前，未经允许的停机会受到处分，因为停机就意味着停产，而停产意味着损失。现在，生产效率已不再是唯一最重要的事，安全性才是第一位的。因此，员工可以放心地停机检修。

新愿景的确定，不仅大大提高了工作环境的安全性，也促成了企业整体环境的改进。

品德与才能

工厂负责人已经认识到，让所有人内化 MBM 绝不容易，而将这种认识付诸实践更是难上加难，耗费的时间和精力远超预想。其中，有些尝试以失败告终，错误更是在所难免。

在这个过程中，最关键的教训之一就是，必须确保全体员工每时每刻都要严格践行 MBM 指导原则。因此，高层领导者定期与一线管理者召开会议，强化他们的责任意识。随后，这些一线管理者再将 MBM 普及到工厂车间，转化为员工们的日常行为。他们认识到，必须为员工建立示范和要求。

实际上，由于某些管理者对现有的“命令—控制”系统的忽视，导致这个过程变得更加复杂。毕竟，管理者往往是最熟悉情况的人，更有资格和能力向下属员工下达命令。为改变这种状况，管理者不耻下问。通过直接汇报的方式，让管理者知道每个员工的真实想法。这对改变组织文化十分重要，尽管过程注定困难重重。不仅管理者要改进，普通员工之间也要相互督促——他们需要在日常工作中严格践行 MBM 指导原则，并及时对应用情况做出反馈。

知识流程

当每位员工都成为各自业务的最终责任人时，再利用其他现有工具夯实和推进已经取得的进步，就会形成“内部基准"。

也就是说，员工从 GP 其他工厂的成功和失败中获得学习机会，并跟踪自己的学习和实践情况，确保不会在这方面成为落后者。

此外，企业要想取得长期进步，还需要建立以鼓励挑战为核心的企业文化。以前，员工轻易不敢对领导者的权威发出挑战，认为领导者说的一切都是圣旨与法典，对和错并不重要。要改变这种思维模式并不容易。它需要各级领导者不仅学会接受挑战，还要积极鼓励和寻求更多挑战。

如果员工意识到自己可以自由挑战领导者在安全性和其他方面的决策和行为，而且领导者真心实意地欢迎和接受挑战，员工和领导者之间的隔阂也开始消融。

决策权

格林湾百老汇制造公司的重大突破还体现在对所有一线员工 RR&Es 的明确与强调上。员工在安全性及其他事项决策等方面被授予适当的权限。管理者鼓励员工发挥企业家的创新精神，积极投身于各自工作领域内的成果改进。以前，在机器发生故障时，操作员会首先去找机械维修师。现在，在大多数情况下，操作员有权自主决定，并尽可能独立维修。

将决策权授予操作员，本身就是一种文化上的改变。它促使操作员在第一时间对故障机器展开维修。在这种情况下，操作员开始主动采取措施，对业务的各个层面实施改进，包括安全性、可靠性、质量和成本，并最终致力于提高企业盈利性。

激 励

随着绩效的改善，财务奖励也随之提高。然而，格林湾百老汇制造公司的激励机制不止于此。在安全性方面，避免受到伤害或伤害别人，对员工产生了足够的激励。在安全性之外，员工获得了更大的决策权，也对结果承担更大的责任。他们的创新性和生产效率日益提高。每位员工都各尽其责，而且会因自己的成就得到认可和激励。这些变化给公司带来了强大的激励效果。

今天，员工已经认识到，他们得到了应有的尊重，他们的意见也得到充分重视，而且他们自己就是实现业务改进的主要贡献者和责任人。因此，员工自然也在工作中享受到更多的成就感。很多人对能与他人分享自己的成功和成就感到光荣和自豪。很多员工甚至承认，这让他们感到非常快乐。

我曾亲自参观格林湾百老汇制造公司，了解他们取得的巨大进步，这种新气象和新面貌给我留下了深刻印象。当时，除了实地参观并与很多员工会面之外，我还特意抽出几个小时与一线负责人面谈。

面谈临近结束时，其中一位负责人提到公司史上历经数次易手，而且每次都会带来新的管理理念，MBM 则与之前完全不同，它适用于任何场景的任何人，因此，他非常愿意采纳这种模式。但前提是，他首先要清楚，我是不是真正奉行这种理念。我笑着回答："我真想狠狠地拥抱你，因为我几乎把自己的全部生命都奉献于此了。"

格林湾百老汇制造公司的案例很典型，它说明，当一个组织接受并始终坚持 MBM 时，就有可能发生翻天覆地的转变。MBM 需要我们以高度的关注、严谨的原则和持之以恒的精神，营造一种以追求卓越成果为目标的企业文化。

如果我们建立起一种自发秩序，让所有人都想做正确的事，而且知道什么是正确的事，那么，MBM 就不仅能在董事会中发挥效用，还能在生产经营第一线发挥巨大威力。在这个过程中，MBM 会让每个人的生活变得更美好——这也是创造良性利润的出发点。

第12章

结论：基本原则

为善者，诸事顺。

—— 本杰明·富兰克林

我的经营理念，归根结底可以总结为一句话：良性利润只能来自为客户创造价值的过程。这也是企业家对客户价值的尊重和兑现。

因此，我由衷地希望，本书至少能像斯特林·瓦纳在 70 年代时所做的那样——在威奇塔召开的一次管理会议上引起一次爆发。这次爆发，确切地说，是这次爆发的原因，已成为公司历史上的一个经典故事。

当时，我们一群人聚到一起，讨论和审核原油收集业务。按照当时的情况，这项业务的盈利能力应超过任何已知业务。与会的几位员工甚至开起了玩笑，称客户在他们眼里就是傻子。

然而，当时担任公司总裁的斯特林却面色铁青。他吼道："闭嘴！你们这些人太过分了！客户永远是我们的朋友。没有他们，就没有我们的企业。我们绝不能拿自己的朋友开玩笑。这么做简直不可容忍。如果再继续这样下去，我们就不会有任何朋友，也不会有任何生意。要获得朋友和生意，我们就必须以诚相待，尊重他们，只有这样，才能获得他们的信任。"

在当时的环境下，我说的任何话都是画蛇添足。因此我一直保持沉默，但内心充满了敬佩之情。我在心里暗自为斯特林鼓劲："加油，大个子！"和往常一样，斯特林永远能在正确时刻发表正确言论。

斯特林为我们建立起很多稳定而密切的合作关系。虽然他在童年时期过得十分艰苦，但最终还是走出困境，成为科氏工业的总裁。他对商界的朋友满怀感激，这些朋友也为科氏工业带来了回报。我非常感谢斯特林为科氏工业做出的贡献。

当然，我们没有任何理由怀疑那次交易——在交易过程中，科氏工业始终秉持诚信和开放的心态，我们的客户也通过交易获得了利润，因为我们能以最低价格为客户提供最好的服务。让斯特林发怒的不是交易细节，而是某些人对客户缺乏尊重和感激。这些人错误地以为，交易的成功源自交易参与者的出众，而不是我们多年积累的为客户创造价值的能力。

那些笃信靠剥削才能创造财富的人，必然会极度抵触良性利润，但实际上，我们根本不必为此纠结。从定义上说，良性利润并非源自剥削，而是源自为他人创造价值的过程。

良性利润依赖的是有原则的企业家精神，这种精神有助于人们改善生活。它不会侵蚀任何人的财富，而是在尊重客户价值的基础上，通过互惠互利的自愿性交易创造财富。

有些人只关注“科氏工业到底值多少钱”之类的问题，但他忽略了一个方面：科氏工业是否在以有原则的方式为他人创造价值？在其他方面，我们和其他公司没有任何区别，唯一的区别就是我们对上面这个问题的回答。

如果企业员工以最佳知识进行创新并制定合理决策，并始终将 MBM 当作为客户及社会创造价值的理念和工具，那么，这家企业取得的最终结果和良性利润都将不同凡响。

踏上辉煌之路

在开发和应用 MBM 的几十年里，我们的努力堪比寻找发现“不可能”的托马斯·爱迪生。在创建 MBM 的过程中，我们遭遇的失败远多于成功。有些人始终没有认识到，MBM 是一个全方位的体系，它的真正威力在于它的基本理念及其综合性运用，而不在于形式。那些只在理论或程序层面对 MBM 一知半解的人，不仅不能得其要领，而且无法正确运用。

因此，一个组织要成功地运用 MBM，它的领导者就必须通过全面理解和正确运用 MBM 取得预期效果，由此建立 MBM 的个人知识。而获得这种个人知识，首先就要理解 MBM 的基本原理，进而改变习惯和思维模式。

冰冻三尺非一日之寒。基于人的本性，无论是领导者还是实践者，其行为往往会不自觉地听命于自己的固有理念。它自始至终存在于各种组织当中，无论是政府、宗教机构、非盈利组织还是企业，概莫能外。这种缺陷导致了愤世嫉俗、形式主义、官僚主义、命令—控制结构，或损人利己的行为。因此，试图运用 MBM 的人，当然也不能超然世外，摆脱自己的固有偏见。

在应用 MBM 的过程中，要借助学习理解和强化其基本原理，并提供适当的工具（模型）。千万不要过分依赖既定的详细步骤，因为这往往会诱使组织出现政府经常出现的弊端：肆意滥用制度规范，强制推行格式化方法，而不是建立和推行科学标准，由个人逐步发掘更合理、更合适的方法。

员工不可避免地会偶尔偏离内部流程，即便这种偏离并未造成任何不良影响，但有些领导者依旧会视之为触犯戒律的大错，这显然有悖于我们的初衷。在我看来，这类领导者的做法反倒有些过犹不及。因此，领导者必须将 MBM 看成一整套相互依存的原则，而不是呆板刻薄的清规戒律，也只有这样，MBM 才能成为治愈组织中官僚主义肆意滋生的良方。

在现代组织中，领导者的影响力和权限范围不断扩大。因此，当组织将错误的人选安排到领导者的位置上时，就会不可避免地走向没落。在科氏工业，很多最严重的问题均源自于领导者不能理解和运用“MBM 指导原则”，并以身作则。

如果企业建立的愿景不够具体，或者不易于理解，导致无法让整个组织接受“MBM 指导原则”，就会诱发不同的问题。要建立适当的愿景，领导者就必须集思广益，吸引组织内外各类人才，利用他们多元化的知识形成建设性观点，理解客户的价值取向以及创造卓越价值所需要的能力。

因此，我们对项目分析流程“决策框架”（Decision Making Framework）运用方式的要求，就是尽可能简单化，直到不能再简单为止。遗憾的是，决策框架偶尔也会变得过于复杂，以至于阻碍了优秀项目的开发。因此，尽管知识汇聚和分析十分重要，但一切以制定合理准确的决策所需的程度为界，一旦超出这个界限，就是在浪费资源，甚至会导致错失良机。纠正这种偏差的最佳人选就是领导者，因此，消除一切对决策意义不大甚至毫无价值的工作，就是领导者应该承担的责任。

如果将 MBM 变成刻薄呆板的公式或是事先写好脚本的流程，那它就不再是 MBM 了。为避免掉入这种陷阱，我们必须随时牢记，MBM 的目标是通过建立和强化基本原则形成自发秩序。这样，员工就可以通过挑战具体而实现创新。

将 MBM 变成毫无意义的时髦词汇也是典型的错误用法，更糟糕的则是用 MBM 为某人正在做的事情或希望做的事情找理由。还有一种倾向就是本末倒置，为了使用而使用，却忘了使用 MBM 的目的是为了改善结果，就像前文提到过的“为查尔斯制表”。

为避免出现这些问题，真正发挥 MBM 的功效，我们必须尽一切可能提拔合适的领导者，凭借他们的理解和洞见尽早发现和纠正这些错误的应用方法。

当人们第一次接触到 MBM 的基础和理念时，往往会将注意力集中到具体的措辞、术语和定义上。因此，要更好地发挥 MBM 的作用，就是让人们对 MBM 建立初步的全面认识之后，说服他们花时间深入了解与自身岗位相关的一些概念。随后，让他们利用这些概念解决实际问题，并及时反馈。

当来自其他公司的老员工最早接触 MBM 时，他们往往会毫不犹豫地接受这些概念，并马上得出结论——他们的想法和行动已经符合“MBM 指导原则”。然而，这种想法只会延缓他们真正地学习和运用，从而内化 MBM。反之，当他们将注意力集中到 MBM 与以往经历的不同之处时，反而会加速他们学习和应用 MBM 的速度。

最好的方式，就是边学边做。诚然，培训非常重要，但培训只是开端。它永远不可能取代试错、反馈和纠正等持续性学习方式。如果担心犯错，我们就不可能进步。只有通过实践，才能深刻理解 MBM，并以科学、合理的方式有效运用。

推广 MBM 时应规避的错误

在将 MBM 用于科氏工业收购的公司时，我们收获了很多教训，也为之付出了巨大代价。由于被收购的公司拥有完全不同的经营理念和管理方法，因此，让这些员工接受 MBM 显然比改造科氏工业原有企业要困难得多。

最初收购的公司往往与科氏工业存在明显差异，因而存在着巨大的改进空间（此外，我们还要了解企业，了解他们的员工，这就增加了改进的难度），以至于很多人寄希望于一劳永逸地解决问题。这种错误认知让领导者不堪重负。

同样，我们务必要牢记——知道要做哪些事固然重要，但知道做这些事的先后顺序同样重要。如果你想把 MBM 用到自己的组织里——不管是团队、工厂、业务部门还是整个公司，我发现如下的三个步骤非常实用：量化、简化和优化。

首先，根据价值数量级的顺序框定你面对的全部机遇和问题，并对它们予以量化。随后，根据量化结果，将清单上的机遇和问题数量减少到可管理的水平。最后，根据它们的紧迫性和数量区分轻重缓急。

之后，我们再考虑以如下几种方法推广 MBM：

- 召开专题研讨会，向高层管理者介绍 MBM。
- 在整个组织内发放本书，通过回答问题开展讨论，帮助员工为即将担当的岗位做好准备。
- 在适当的时候，将拥有 MBM 实践经验的领导者安排到准备推广 MBM 的业务、职能部门或工作现场，并将其纳入对应的 RR&Es。这将极大提高员工学习和应用 MBM 的进展速度。人力资源、合规、法务和业务开发等部门在落实 MBM 方面的作用尤为重要。
- 为高层领导者提供培训和指导，让他们在获得足够理解的情况下推广和介绍 MBM，其中包括为员工了解“MBM 指导原则”提供面对面指导。对组织文化进行评估，寻找差距所在，并以缩小差距为目的确定各项工作的轻重缓急，设定优先顺序。
- 不断强化价值创造是 MBM 基本宗旨的观念。切记，没有应用的无止境理论学习毫无意义。
- 运用 MBM 应对少数极端重要的挑战和机会。早期的成功会促进人们对理论的相关性及重要性更有信心。
- 使人力资源负责人积极开发激励制度，并将开发结果运用到实践当中。

- 确保落实 MBM 薪酬理念后，可以提供足够激励和鼓舞，促使员工做出实质性改变。
- 有选择性地介绍 MBM 思维模式，比如愿景开发、比较优势、创新和破坏、挑战流程、机会成本、主观价值以及 RR&Es 等，帮助他们在工作中落实 MBM。
- 不管困难多大，务必撤换掉价值观与“MBM 指导原则”不符的领导者。如果不能尽快处理这些人，不仅会给团队带来威胁，而且有可能造成混乱，阻碍 MBM 的实践过程。
- 在介绍 MBM 的过程中，需要不断调整推进的速度和关注点，多次重复，充分加深员工印象。

对于本书的结论，我对几个亟待回答的典型问题予以总结，比如“MBM 是不是一种真正具有普适性的管理体系？”以及“MBM 是不是让科氏工业取得成功的真正秘诀？它是否能让公司的绩效不依赖于某个 CEO 呢？”这显然是客气的问法。

对于第二个问题，显然，我本人并没有亲自参与第 11 章所述问题的解决过程。实际上，对于其中的几个问题，我只是事后参与，而且我的参与也仅限于为问题的成功解决鼓掌喝彩。

本书中的很多范例、尤其是第 11 章所述的几个案例分析，足以说明 MBM 的不只适用于科氏工业和诚实可信、具有优良传统的中西部人，还适用于所有企业和组织机构。围绕科氏工业成功原因的各种传言与谬论也就不攻自破了。

任何个人都不可能改变一个大型企业的组织文化。这种转型需要很多人的努力，他们必须持之以恒，自觉、主动地去学习和探索。全方位地将理论和实践相结合，是实现企业文化改变必不可少的前提。（这也是我母校校训的精髓："Mens et Manus"，这句拉丁文的意思是"知行合一"。）

学习背景、生活经历以及某些特殊的天赋，或许促使我成为总结和运用 MBM 的第一人，但毋庸置疑的是，在任何企业，任何一个致力于理解和落实 MBM 的人都能做到这一点。实际上，在各行各业，我都曾目睹无数人经历了这样的蜕变与升华，每当他们成功时，我都会感到无比的欣慰和自豪。

我曾接到过无数的电子邮件（甚至包括死亡威胁——仅在 2014 年，我就收到了 153 封此类邮件）。其中，让我开心的是那些来自前员工的邮件，因为他们声情并茂地告诉我，科氏工业如何改变了他们的生活，让他们每天过得更充实、更美好。很多人对我说，正是在科氏工业，他们感受到了事业和生活的意义。

有一封邮件令我非常感动，邮件来自威奇塔的巴德·斯诺德格拉斯（Bud Snodgrass）。他曾在 1980 ~ 1998 年就职于科氏工业，主要在科氏炼油公司从事市场营销和销售工作。

在 17 年之后的这封邮件中，他写道：“感谢你分享市场和客户的理论，它始终影响着我的思想和生活——不仅是对企业的认知，还有对生活的深刻思考。”

在邮件的结尾，他的一句话让我感到责任重大：“你给我在科氏工业的职业生涯带来了非常积极的影响。那种影响让我难以忘怀，因此，我和妻子苏让我们的儿子继承了你的名字。我从未将此事告诉过你或是科氏工业的其他任何人。”

这封信让我深受感动，因为我的名字同样来自一个曾给父亲带来人生重大转机的人，一个勤奋工作为社会作出巨大贡献，并借此实现人生价值和意义的人。因此，巴德的话自然让我感到情真意切，无比动容。

同样，对那些秉持“有原则的企业家精神”并全身心致力于创造良性利润的人来说，我只需说一句话：“我坚信，每个企业都应该，而且也只能通过为他人创造真正价值而给自己带来利润，而试图减缓‘创新和破坏的永恒风暴’的任何行为，都将徒劳无功。”

我们之所以竭力增加资本、扩大企业，最重要的目的就是让我们能为客户、员工乃至整个社会做出更大的贡献。这同样会有助于任何公司创造良性利润。

别人所能给予我们的最好礼物，或是我们所能赠予别人的最好礼物，就是创造一个能发现和传递这种激情的机会，通过帮助他人改善生活而实现自我价值。

“真正的财富，就是能过上有意义、有价值的生活”，这句话很早就深深地镌刻在我的意识中，它也是我希望与所有人分享的财富。我由衷地希望，每个人都有机会体验获得成功与成就的自豪感和价值感。

致 谢

在此，我想感谢科氏工业的全体员工，在过去的 75 年里，正是他们的努力和奉献，为科氏工业带来了今天的成绩。我尤其要感谢那些在过去 15 年里，为开发和完善 MBM 管理模式，并以此为科氏工业带来成功的人。此外，我还要感谢我的兄弟大卫和马歇尔家族，没有他们的奉献、忠诚和支持，就没有今天的科氏奇迹。

此外，我还要感激为本书出版提供大量素材的朋友，他们有的来自科氏工业，有的来自外部，没有他们，本书就无法面世。尤其是承担本书英文版编辑工作的博纳迪特·瑟尔顿（Bernadette Serton）和罗德·勒尔德（Rod Learned），没有他们的帮忙，读者就不可能看到文笔如此流畅、通俗易懂的书。不过，对本书中尚存的任何笔误或偏差，由笔者全权承担。

科氏工业因销售《做大利润》一书所获全部收入，将捐赠给青年企业家基金会（Youth Entrepreneurs Foundation）。该基金会秉承“有原则的企业家精神”，致力于教授残疾高中生成功所需要的价值观和技能。此外，青年企业家基金会还为当地企业领导者提供奖学金、创业资本及各类培训指导。基金会由我和妻子利兹创建于1991年，目前课程教学安排在堪萨斯州、密苏里州及佐治亚州，针对其他各州开办的培训也正在筹备当中。

特别鸣谢

为本书简体中文版提供专业审读的4位MBM®顾问

王榕炜（Raymond Wang） 王军霞（Elisa Wang）

聂昕（Vincent Nie） 阮英子（Rita Ruan）

附录 A

科氏工业旗下的主要业务集团

弗林特—希尔斯资源公司（Flint Hills Resources）

石油炼化、化工、聚合物、润滑油原料、沥青、液化天然气、谷物加工、乙醇和生物燃料等。

科氏矿业（Koch Minerals）

大宗散装固体货物贸易及配送、勘探与开采以及油田洗煤服务。

科氏供应及贸易（Koch Supply & Trading）

大宗商品贸易及风险管理服务。

科氏管道运输（Koch Pipeline）

原油、炼化产品、乙醇、液态天然气和化工产品管道运输。

科氏农业及能源解决方案（Koch Ag and Energy Solutions）

氮肥、其他植物肥料及增效产品制造、配对和贸易、天然气及电力输送服务。

科氏化工技术集团（Koch Chemical Technology Group）

大型传送设备、锅炉及点火装置、污染控制设备、热交换器、隔膜分离装置及工程建筑服务。

英威达（INVISTA）

尼龙纤维、高分子聚合物及中间体、气囊纤维、弹性纤维、专用化学品及化工材料以及特许加工技术。

乔治亚—太平洋公司（Georgia-Pacific）

消费品、非纺织品、包装、硬纸板、漂白板、绒制品、溶解木浆、结构板、木制品、石膏制品、化学工业品及再生制品。

莫仕（Molex）

电子、电气及光纤连接系统。

附录B

科氏工业目前已退出的业务

活性炭

大气质量咨询

合成氨管道运输

动物饲料综合贸易

商用飞机

加拿大管道运输

二氧化碳

套色印刷

采煤

商业出租

冷却塔

原油采集

低温系统

挖泥船制造

海水钻井平台

供欧洲市场的卫生纸

饲育场

玻璃纤维强化产品

各类金融工具

液化气收集

天然气管道

天然气加工

谷物加工

谷物贸易

图形传输

肉制品加工

医疗设备

微电子化工

颗粒板

多功能道路建设

比萨面团

铂金制品贸易

聚酯纤维

丙烷零售

加油站

矿渣水泥

硫化厂设计

硫酸

油罐车

电讯

网球场地面材料

货车运输

风险投资

附录 C

科氏工业目前的主要贸易产品

农业

牛　可可粉　谷物　生猪　大豆　小麦

能源

电力　碳排放信用指标　液化天然气　天然气

化肥类产品

无水氨　增效产品　磷酸盐　碳酸钾

金融产品

公司债券　股票　外汇　汇率产品　市政债券　不动产

林业制品

胶合板　纸浆与纸张　再生纤维　木材　废纸　木屑

中间体原料

乙醇　柴油　轻油

金属产品

铝　铝合金　铜　黄金　铁矿石　铅　镍　白银　钢材

锡　锌

矿产品

水泥　煤炭　勘探及开发权　石油焦　海运　矿渣　硫磺

天然液化气

乙烷　丙烷　丁烷　天然汽油

油田产品

化工　瓜尔胶　支撑剂

石油化工产品

苯　异丙基苯　乙烯　乙醇　间二甲苯　甲醇　对二甲苯

二甲苯　丙烯　偏三甲苯　甲苯　废纤维和高分子聚合物

石油产品

冷凝剂　原油

炼化产品

汽油　燃料油　柴油　航空发动机用油　渣油

“iHappy书友会”会员申请表

姓　名（以身份证为准）：__________；性　别：__________；

年　龄：__________；职　业：__________；

手机号码：__________；E-mail：__________；

邮寄地址：__________；邮政编码：__________；

微信账号：__________（选填）

请严格按上述格式将相关信息发邮件至中资海派“iHappy书友会”会员服务部。

邮　箱：szmiss@126.com

微信联系方式：请扫描二维码或查找zzhpszpublishing关注“中资海派图书”

<table>
<tr><td rowspan="9">优
惠
订
购</td><td colspan="2">订阅人</td><td></td><td>部门</td><td></td><td>单位名称</td><td colspan="2"></td></tr>
<tr><td colspan="2">地　址</td><td colspan="7"></td></tr>
<tr><td colspan="2">电　话</td><td colspan="3"></td><td>传　真</td><td colspan="2"></td></tr>
<tr><td colspan="2">电子邮箱</td><td></td><td>公司网址</td><td></td><td>邮　编</td><td colspan="2"></td></tr>
<tr><td>订购书目</td><td colspan="8"></td></tr>
<tr><td rowspan="2">付款方式</td><td>邮局汇款</td><td colspan="7">中资海派商务管理(深圳)有限公司
中国深圳银湖路中国脑库A栋四楼　　邮编：518029</td></tr>
<tr><td>银行电汇或转账</td><td colspan="7">户　名：中资海派商务管理(深圳)有限公司
开户行：招行深圳科苑支行
账　号：81 5781 4257 1000 1
交通银行卡户名：桂林　　卡　号：622260 1310006 765820</td></tr>
<tr><td>附注</td><td colspan="8">1. 请将订阅单连同汇款单影印件传真或邮寄，以凭办理。
2. 订阅单请用正楷填写清楚，以便以最快方式送达。
3. 咨询热线：0755-25970306转158、168　传　真：0755-25970309转825
E-mail: szmiss@126.com</td></tr>
</table>

→利用本订购单订购一律享受九折特价优惠。

→团购30本以上八五折优惠。